国际劳动与雇佣管制研究丛书

本书受国家社科基金重大项目"'一带一路'国家劳动与雇佣管制研究"
（项目批准号17ZDA041）资助

U0656843

中国企业海外投资的
劳动与雇佣管制研究

Labor and Employment Regulation
on the Overseas Investments of Chinese Enterprises

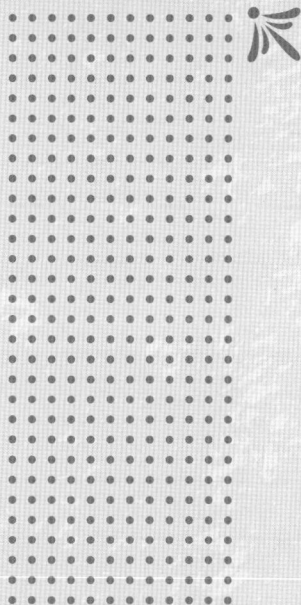

骆南峰 著

东北财经大学出版社
Dongbei University of Finance & Economics Press

大连

图书在版编目（CIP）数据

中国企业海外投资的劳动与雇佣管制研究 / 骆南峰著. —大连：东北财经大学出版社，2024.7. —（国际劳动与雇佣管制研究丛书）. —ISBN 978-7-5654-5287-1

Ⅰ. F279.235.6；F249.23

中国国家版本馆 CIP 数据核字第 202401Z4U4 号

东北财经大学出版社出版发行

大连市黑石礁尖山街217号　邮政编码　116025

网　　　址：http://www.dufep.cn

读者信箱：dufep@dufe.edu.cn

大连图腾彩色印刷有限公司印刷

幅面尺寸：170mm×240mm　字数：138千字　印张：11.5　插页：1
2024年7月第1版　　　　　2024年7月第1次印刷
责任编辑：石真珍　　　　　责任校对：刘贤恩
封面设计：张智波　　　　　版式设计：原　皓
定价：65.00元

总　序

　　20世纪后半叶以来的新一轮经济全球化大潮在全世界范围内深刻形塑了过去半个多世纪的国际政治经济历史进程，也使主要国家和全世界绝大多数公民共享了丰硕的发展果实。这一全球趋势同我国改革开放40多年以来的发展历程大致重叠，将我国深刻卷入了全球经济贸易体系，促进了我国的改革开放和经济发展，而我国也在这一历史进程中为全世界的发展贡献了重要的价值与力量。

　　2013年，习近平总书记面向新时期、新问题，高屋建瓴地提出了共建"一带一路"倡议，旨在加强我国与世界人民的融通与合作，共建共享发展果实，同时促进新时期我国自身经济高质量发展的转型。10余年来，"一带一路"从构想到现实，从蓝图到落地，我国始终坚持共商、共建、共享的原则，以高标准、可持续、惠民生为目标，积极促进与150余个共建"一带一路"国家的全方位、多领域互联互通，并在探索中不断完善全球治理体系、优化全球治理规则，积极构建人类命运共同体，取得了举世瞩目的成就。

　　"一带一路"蓝图的全面铺就，使得越来越多"走出去"的企业和管理者开始关心超越国界的劳工政策、产业关系制度，以及劳动力市场状况。随着跨国企业在共建"一带一路"国家的贸易活动与雇佣规模不断扩大，因其对所在国的劳动与雇佣管制体系不了解、不熟悉，海外劳动争议事件时有发生，这不仅妨碍了劳动者权益的保护与企业正常经营活动的开展，也不利于我国与共建"一带一路"国家友好合作的深化。对于劳动者而言，熟悉所在地的劳动与雇佣管制体系，有利于明确权责，从而在权益受损时更高效地维护自身利益。尤其对于选择跨国就业的劳动者来说，更好地了解东道国的劳动与雇佣管制体系可以有效增强其生存与适应能力。

劳动条件和用工规则如何在其他国家乃至全球治理层面被决定和实施？这已经成为许多中资跨国企业在对外投资和经贸合作中的重要参考要素之一，也是劳动和雇佣关系研究亟待回答的问题。于国家而言，保障劳动者权益是实现高质量、可持续发展目标的前提条件，也是我国推动建设开放型世界经济、主动对照高标准经贸规则深入推进高水平贸易与合作的必备知识。深入研究共建"一带一路"国家的劳动与雇佣管制体系，可以为完善全球劳动治理体系提供中国智慧与中国方案，以创新思路破解发展难题。遗憾的是，在中国劳动研究领域，学者们过去将主要的精力放在研究中国国内的劳动与雇佣关系的制度和管理实践上，而对于国外乃至全球层面劳动与雇佣管制的研究并不系统并且往往是现象描述式的。

因应学术研究与劳资政各主体的实际需要，在国家社会科学基金重大项目的支持下，课题组集合了一批来自中国人民大学和中国社会科学院相关领域的优秀学者，针对共建"一带一路"国家的劳动与雇佣管制体系进行了系统性研究，并在课题研究成果的基础上编纂出版了《国际劳动与雇佣管制研究丛书》。

本丛书共计六册，其逻辑体系构成如下：在第一册《劳动与雇佣管制中的利益相关者：理论与实践》中，我们从"主体-互动过程-制度产出"这一劳动关系研究的经典理论视角出发，提出并详细阐释了一个基于利益相关者视角的产业关系治理体系分析框架，用于更好地在国际和跨国情境下分析和解释劳动与雇佣管制制度的特征与形成机制，为本丛书奠定了理论基础。第二册《工会发展与劳动雇佣管制比较研究》以产业关系系统的核心参与主体之一工会为例，从国际比较产业关系的视角出发，全面介绍了工会的发展脉络、国别差异、劳动力市场效应以及当前所面临的挑战。第三册《中国企业海外投资的劳动与雇佣管制研究》聚焦对外直接投资这一各利益主体的关键互动场域，分析跨国企业在对外直接投资过程中所面临的劳动与雇佣管制问题，并结合国际指数与具体案例分析评估共建"一带一路"国家的劳动关系治理状况。第四册《全球化下贸易与经济合作中的劳动与雇佣管制研究》关注另一个关键互动场域——国际贸易与经济合作过程，详细分析了中国与共建"一带一路"国家的国际贸易与经济合作发展水平，以及相关国家劳动雇佣制度的具体内容与特征，并深入剖析典型国家案例。第五册《亚洲新兴经济体的劳动雇佣管制研究——以印度为例》与第六册《利益相关者视角下欧洲新兴经济体劳动与雇佣管制研究——以中东欧部分国家为例》则重点关注劳动与雇佣管制体系的制度产出，分别使用印度与中东欧国家的具体案例，阐释了各利益相关主体的互动如何塑造具体的劳动与雇佣管制实践，并对国别产业关系系统做出了系统梳理和比较研究。

在丛书出版之际，我们感谢国家社会科学基金的资助与大力支持，也向所有为本丛书付出努力的作者与研究团队成员、所有受访者、编辑、审稿人和关注本丛书的所有读者致以诚挚谢意！我们希望本丛书可以作为中资企业"出海"的必读书。其中对于不同国家制度情境的介绍、劳动与雇佣管制模式的总结，以及具体的劳动政策和规则体系的梳理，将促进中资企业尽早了解并融入东道国的劳动与雇佣管制体系，在国际社会中勇于承担企业社会责任，从而树立和展现中国资本的良好形象和担当。我们也期待，通过学者们在劳动与雇佣管制研究领域的持续探索，学界未来会有更多丰硕成果为共建"一带一路"倡议的继续推进提供强有力的理论支撑与实践指导，促进各国的共同发展与繁荣，共同迎接共建"一带一路"倡议的下一个辉煌十年。未来，课题组还将与更多同行开展合作，深入观察和研究更多共建"一带一路"国家的劳动与雇佣管制体系，继续出版覆盖不同国家的国别研究。本丛书只是一个开始，而不是一个句号！

　　是为序。

杨伟国

2024年6月于时雨园

前　言

　　我国跨国企业正日益成为推进共建"一带一路"倡议落地的关键力量，与"一带一路"合作伙伴开展了深入的贸易投资合作。然而，我国企业的跨国投资普遍面临外来者劣势和发展中国家背景导致的出生地弱势等问题，这给它们的跨国劳动关系管理带来了一系列困难，这些问题的解决急需相关学术研究的支持。本书的核心目的与意义在于通过梳理学者的相关研究成果与各国的具体法律实践，帮助读者对有关劳动问题的国际性规制和各国的具体管制形成基本理解，并能结合具体指标简要评估一国的劳动关系治理情况。本书的核心政策建议是：政府与跨国企业应当加强对海外劳动关系管理的重视，以更为有效地应对日益多样化的劳动与雇佣管制规则。具体而言，政府可以通过鼓励相关研究、积极参与国际劳动标准与规则的制定、在教育中增加国际化教学培养内容和在驻外使领馆配置劳动与雇佣方面的专业外交官等多种方式提升我国的宏观跨国劳动关系治理能力。企业则可以采取将海外投资的劳动与雇佣管制纳入组织战略，打造海外劳动与雇佣管制的专业化队伍，积极主动向中国驻海外使领馆的专业人员或海外专业法律机构咨询等策略。

本书由六章构成。第一章为导论，首先向读者介绍了2015—2022年我国在"一带一路"沿线国家中的对外直接投资概况，然后以"跨国企业的海外雇佣行为"为主题进行了文献综述，指出学界对跨国企业——尤其是发展中国家跨国企业——的研究仍不充分，现有理论也难以继续发挥解释力，最后介绍了本书的主要研究方法，并以后续章节安排的方式简要介绍了研究内容。第二章和第三章分别使用世界银行（World Bank，WB）的雇佣员工指数和经济合作与发展组织（Organization for Economic Co-operation and Development，OECD，简称经合组织）的雇佣保护法指数这两个各有特色的指数数据库，对共建"一带一路"经济体的劳动与雇佣管制状况进行了深入描述和分类比较分析，指出大多数经济体的劳动雇佣管制较为宽松且管制环境较为稳定。第四章聚焦于国际组织这类对中国企业海外投资过程中在劳动与雇佣管制方面十分重要的利益相关者，以国际劳工组织为参照，详细比较了各类国际组织针对跨国投资与劳动标准颁布的各类公约文件等，例如国际劳工组织的公约和世界贸易组织（World Trade Organization，WTO）的多边协议。第五章则选取了东南亚四个具有代表性的共建"一带一路"国家——越南、泰国、马来西亚和印度尼西亚，深入比较了这些国家在劳动与雇佣方面的法律法规（包括针对外资企业或外籍劳工的特定法律与政策等），呈现了各国对跨国企业劳动与雇佣管制的特点。最后一章对我国政府的海外投资政策与劳动雇佣管理政策和跨国企业的海外劳动关系管理提出了建议。

本书的成稿离不开多位课题组成员的智慧投入与辛勤付出，每一章的合作者信息如下：第一章，合作者为中国人民大学劳动人事学院王媞、李诗琪；第二章，合作者为中国人民大学劳动人事学院唐佳欣、李统鉴；第三章，合作者为中国人民大学劳动人事学院王媞、吴俊彦、李统鉴；第四章，合作者为中国人民大学劳动人事学院赵媛、张慧君、李安然；第五章，合作者为中国人民大学劳动人事学院吴俊彦；第六章，合作者为中国人民大学劳动人事学院杨伟国、上海交通大学安泰经济与管理学院欧阳璨。在此，向我的合作者们表达我最诚挚的谢意！

本书的顺利出版离不开东北财经大学出版社工作人员的支持。感谢他们的专业付出！

骆南峰

2024 年 4 月于北京

目 录

第一章　导论 ／1

第一节　研究背景／2

第二节　研究回顾／5

第三节　研究方法／20

第四节　研究内容与章节安排／21

第二章　共建"一带一路"经济体的雇佣员工指数：基于世界银行营商环境便利度指数的分析 ／23

第一节　雇佣员工指数／24

第二节　共建"一带一路"经济体与非共建"一带一路"经济体的EWI比较分析结果／37

第三节　共建"一带一路"经济体的EWI变化状况分析结果／56

第三章　共建"一带一路"国家雇佣保护管制研究：基于OECD雇佣保护法指数的分析 ／72

第一节　经济合作与发展组织的雇佣保护法指数／73

第二节 共建"一带一路"国家和非共建"一带一路"国家的 EPL指数比较分析结果／79

第三节 共建"一带一路"国家的EPL指数变化状况分析结果／90

第四章 国际组织对跨国企业的劳动与雇佣管制比较研究 ／94

第一节 国际劳工组织对跨国企业的劳动与雇佣管制／95

第二节 国际组织对跨国企业的劳动与雇佣管制比较分析：以国际劳工组织为参照／103

第三节 本章小结／112

第五章 东南亚四个共建"一带一路"国家对跨国企业的劳动与雇佣管制比较研究 ／114

第一节 EWI维度的再界定／115

第二节 研究方法／119

第三节 东南亚四个"一带一路"国家对跨国企业劳动与雇佣管制的比较分析结果／121

第四节 本章小结／136

第六章 总结、启示与研究展望 ／138

第一节 总结／139

第二节 政策启示／141

第三节 企业管理启示／144

第四节 研究展望／147

参考文献 ／150

附录　OECD雇佣保护法指数的21项基本条目　／159

索引　／169

第一章

导论

自共建"一带一路"倡议提出以来，中国企业积极参与"一带一路"合作伙伴经济建设的重要性日益受到社会各界的广泛认可。2017年5月14日，习近平总书记在"一带一路"国际合作高峰论坛上明确指出各国之间"要深入开展产业合作，推动各国产业发展规划相互兼容、相互促进，抓好大项目建设，加强国际产能和装备制造合作，抓住新工业革命的发展新机遇，培育新业态，保持经济增长活力"。同时，一系列政策的制定也在大力推动各类型企业积极加入到"一带一路"建设之中。比如，工业和信息化部与中国国际贸易促进委员会于2017年7月27日联合发布了《关于开展支持中小企业参与"一带一路"建设专项行动的通知》，助力中小企业在共建"一带一路"国家的发展。在各方力量的推动下，截止到2016年年底，中国企业在"一带一路"沿线20多个国家建设了56个经贸合作区，累计投资超过185亿美元。2023年恰逢共建"一带一路"倡议提出十周年。共建"一带一路"国家致力于打造协同发展、互利共赢的合作格局，有力促进了各国产业结构升级、产业链优化布局。中国企业与共建"一带一路"国家政府、企业合作共建的海外产业园超过了70个。

第一节　研究背景

本节介绍了中国在"一带一路"沿线国家①的对外直接投资的总体情况，以及相应的区域分布和国家分布。

---

① 自2023年9月开始，我国有关方面在统计参与"一带一路"建设国家数量时，不再使用"沿线国家"的提法，而是改称"共建国家"的概念。这个提法贴切反映出"一带一路"建设事业在全球获得广泛响应的大势。由于本节研究的数据范围为2015—2022年的数据，故仍使用"一带一路"沿线国家的提法。

一、中国在"一带一路"沿线国家的对外直接投资总体情况

根据商务部商务数据中心对外公布的2015—2022年数据，[①]通过分析中国对"一带一路"沿线国家的年度对外直接投资数据可以发现：2015—2019年，这一数据在150亿美元附近徘徊。这说明这一阶段中国对"一带一路"沿线国家的对外直接投资处于相对稳定的状态。到了2020年，它开始上升，达到177.9亿美元，2021和2022年更是超过了200亿美元（分别为203亿美元和209.7亿美元），呈现良好的增长势头（如图1-1所示）。

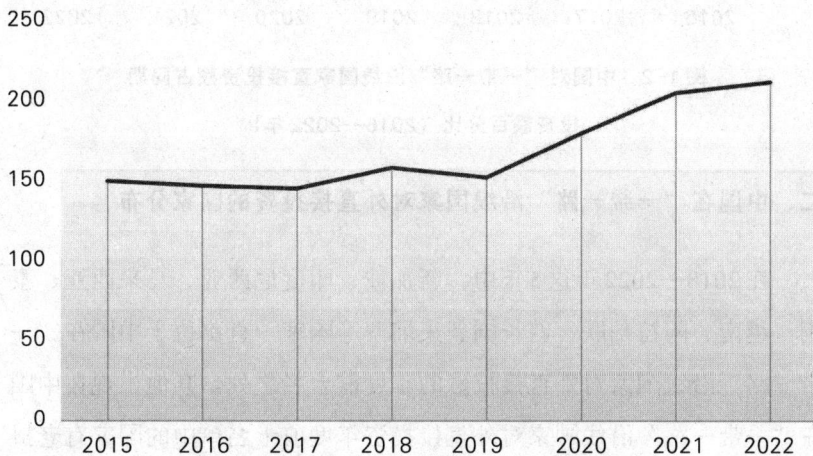

图1-1　中国对"一带一路"沿线国家合计投资额

（2015—2022年）（单位：亿美元）

此外，2016—2022年间，中国对"一带一路"沿线国家的直接投资额占同期投资额的8.50%～17.90%，总体上呈现一种逐年上升的趋势，并在2021年和2022年达到峰值（详见图1-2）。

----

① 中华人民共和国商务部"走出去"公共服务平台（http://fec.mofcom.gov.cn/article/fwydyl/tjsj/），最后访问于2023年5月25日。

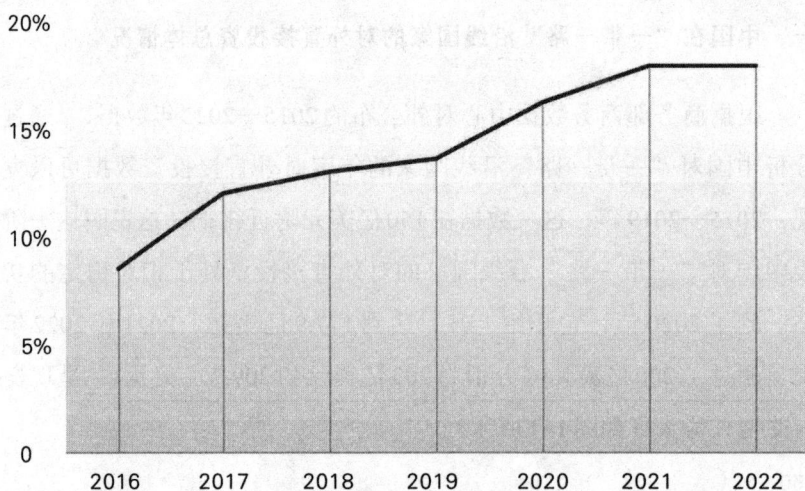

图 1-2　中国对"一带一路"沿线国家直接投资额占同期

投资额百分比（2016—2022 年）

二、中国在"一带一路"沿线国家对外直接投资的国家分布

在 2018—2022 年这 5 年中，新加坡、印度尼西亚、马来西亚、泰国、越南、阿拉伯联合酋长国、柬埔寨等国家一直都位于中国在"一带一路"沿线国家对外直接投资的年度前十名之列。其他出现在中国在"一带一路"沿线国家对外直接投资年度前十名单中的国家有老挝（2018、2019、2020、2021 年）、巴基斯坦（2018、2019、2022 年）、哈萨克斯坦（2019、2020、2021 年）、孟加拉国（2021、2022 年）、塞尔维亚（2022 年）、以色列（2020 年）、俄罗斯（2018 年）。在这些国家中，除了塞尔维亚和俄罗斯属于欧洲之外，其他都属于亚洲，其中不少为东南亚国家（和东盟国家）。

第二节　研究回顾

中国企业走出去，在共建"一带一路"国家开展投资运营，是共建"一带一路"倡议落地的重要环节。开展国际化经营也将为中国企业发展壮大开拓一片广阔的天地。但是，中国企业的跨国经营通常并不是一帆风顺的，而是伴随着巨大的风险与挑战。特别是，中国跨国企业作为东道国的外来企业，会面对一系列外来者劣势（liability of foreignness），比如对当地的运营情况不熟悉、未与重要利益相关者建立信任关系和难以吸引当地优秀的人才等。这种潜在的风险不仅可能给企业带来损失，还可能有损于中国企业和国家的形象。因此，国家相关部门在积极推动中国企业"走出去"的同时也一再强调中国企业在前往共建"一带一路"国家开展投资经营活动时需要防范各项风险。

中国跨国企业在共建"一带一路"国家经营时面临的风险包括政治、法律、经济、文化和技术等多个方面。其中，劳动与雇佣风险是中国跨国企业不可回避且必须慎重处理的一项重要风险，因为劳动与雇佣活动是企业正常运营密不可分的一部分。中国跨国企业在共建"一带一路"国家开展国际化经营，需要谨慎处理员工招聘与解雇、工资福利、工作时间、工作安全与健康、工会与集体谈判等一系列问题。然而，从以往经历来看，中国跨国企业由于未能及时妥善处理跨国经营中的劳动与雇佣问题而导致跨国投资受挫或者经营失败的案例屡见不鲜。首都钢铁集团投资秘鲁钢厂、中国有色矿业集团投资赞比亚铜矿和上汽集团收购韩国双龙汽车公司的过程中出现的劳资纠纷和冲突，都是中国跨国企业的前车之鉴。

防范和化解中国跨国企业在共建"一带一路"国家的劳动与雇佣风险，首先要求我们对这些国家的劳动与雇佣管制约束有全面透彻的理解。由于不同国家的制度与文化存在差异，中国跨国企业在中国获取的成功经验、行之有效的管理实践在共建"一带一路"国家可能不再适用。如果中国跨国企业仍然以原来的思维模式做出劳动与雇佣方面的决策，采取固有的管理方法来处理劳动与雇佣问题，则很可能处处碰壁，激发劳资冲突与纠纷，甚至触犯当地的法律法规，给企业的正常运作带来重大的负面影响。同时，共建"一带一路"国家之间在劳动与雇佣管制方面也存在巨大差异。中国跨国企业并不能将这些国家等同视之，把对一个国家的劳动与雇佣管制约束情况的了解套用到其他国家的劳动与雇佣管制上几乎是不可能的。中国跨国企业必须考虑到这些国家的独特之处，采用有针对性的管理方式来处理在不同国家运营时所面对的劳动与雇佣问题。

　　因此，中国企业在共建"一带一路"倡议下，积极走出国门开展国际化投资和管理时，面对东道国独特的制度和文化环境，需要切实防范和化解劳动与雇佣风险。这要求中国跨国企业对共建"一带一路"国家的劳动与雇佣管制约束有全面的掌握和深刻的理解。政府也可以依据相关国家的管制约束信息促进国际交流与合作，合理制定针对中国跨国企业的劳动与雇佣政策，设计科学的应对方案，从而防范和化解劳动与雇佣风险。

　　有效开展中国跨国企业的劳动与雇佣相关研究要求我们首先了解和熟悉中国跨国企业劳动与雇佣管制的相关学术成果。本部分以跨国企业的劳动关系和人力资源管理为切入点，梳理了现有的学术研究成果，主要包含以下3个方面的内容：（1）发达国家跨国企业的劳动与雇佣研究；（2）新兴经济体跨国企业的劳动与雇佣研究；（3）中国跨国企业的劳动与雇佣研究。

一、发达国家跨国企业的劳动与雇佣研究

在国际劳动关系领域，研究通常关注国家层面和国际层面的劳动与雇佣制度和模式。一系列研究成果的结晶已经被写入各类著作和教科书。①相应地，中文文献也已经积累了大量的此类研究成果。比如，一系列中国学者撰写文章介绍了国外的劳动雇佣状况，包括西方工会、美国工会运动、工会组织的国际联合和国际工会联合会的《原则宣言》与《纲领》等。②在劳动与雇佣的理论方面，杨伟国和周宁（2019）对西方的比较产业关系理论进行了系统回顾，并指出了这些理论所面临的挑战。③此类研究有助于我们了解和跟踪国际相关情况。此外，还有大量的研究采用国际比较视角进行了主题广泛的探索，研究主题囊括了劳动与雇佣的方方面面。其中一些文献关注劳动关系或员工关系整体，④也有一系列研究关注一个具体的劳动与雇佣主题，包含且不限于就业平等权、强制劳动、劳动关系三方协商机制、个人解雇保护立法、职业歧视和就业救助等。⑤这些研究的主要目的在于通过国际比较发现国内外异同，进而发掘国际经验能给中国

---

① KATZ H C, KOCHAN T A, COLVIN A J S. Labor Relations in a Globalizing World [M]. New York: ILR Press, 2015.
② [1] 姜列青.国际移民问题与西方工会 [J]. 国外理论动态, 2004 (05): 31-33. [2] 郭懋安.美国工会运动与无产阶级国际团结 [J]. 国外理论动态, 2001 (05): 13-15. [3] 张爱平, 冯峰.全球化与工会组织的国际联合 [J]. 国外理论动态, 2002 (05): 21-22. [4] 郭懋安.经济全球化背景下世界工会组织的联合趋势——国际工会联合会的《原则宣言》和《纲领》[J]. 国外理论动态, 2007 (05): 20-23.
③ 杨伟国, 周宁.西方比较产业关系理论: 发展与挑战 [J]. 教学与研究, 2019 (07): 37-47.
④ [1] 吴君槐.国际劳动关系在转型期的不同变化及其对中国的启示 [J] 甘肃政法学院学报, 2011 (03): 125-131. [2] 张乐川.论劳动关系多元化的国际趋向及其在我国的实践效应 [J]. 求索, 2013 (11): 232-234. [3] 刘艳.劳资关系处理方式的国际镜鉴 [J]. 重庆社会科学, 2016 (12): 63-67. [4] 刘昕, 张兰兰.员工关系的国际发展趋势与我国的政策选择——兼论劳资关系、劳动关系和员工关系的异同 [J]. 中国行政管理, 2013 (11): 56-60.
⑤ [1] 梁晓春.国际（人权）法视野下的就业平等权及其法律规制——兼议我国公民就业平等权的法律保护 [J]. 武汉大学学报（哲学社会科学版）, 2008 (03): 304-308. [2] 肖竹.废除强迫劳动国际劳工标准与我国相关立法及实践的比较研究 [J]. 中国劳动关系学院学报, 2010 (01): 80-84. [3] 李丽林, 袁青川.国际比较视野下的中国劳动关系三方协商机制: 现状与问题 [J]. 中国人民大学学报, 2011 (05): 18-26. [4] 钱叶芳.个人解雇保护立法实践的国际比较: 回应与建设 [J]. 法律科学（西北政法大学学报）, 2011 (01): 170-183. [5] 余敏.反社会出身就业与职业歧视的国际标准与中国实践 [J]. 河北学刊, 2015 (04): 132-136.

法律、政策和实践带来的启示。近年来，一些学者跳出了跨国比较的视角，力图构建普遍意义上的劳动关系基础理论模型，比如张皓（2019）基于利益相关者理论构建了一个全球化背景下的劳动关系治理模型。[1]

在企业层面，国际劳动与雇佣研究更多关注了跨国企业这一组织类型，不过，在跨国企业的来源国方面，现有研究主要将目光聚焦在那些来自发达国家的跨国企业。具体来说，已有文献主要研究发达国家的跨国企业所面临的工会、雇佣政策、员工代表、协商、本土化和外派人员管理等一系列问题。这些研究发现，制度环境对于发达国家跨国企业的劳动、雇佣与人力资源管理有重要约束作用。比如，Ferner（2005）发现美国跨国企业的英国分公司在工会代表政策方面受到美国主流反工会主义的意识形态与英国本土的制度体系的交互影响。[2]也有一些研究者发现在英国运营的跨国企业员工的代表与协商发言权会受到来源国效应的影响，例如来自美国、法国、德国、北欧国家和日本等发达国家的跨国企业的员工。[3]此外，另一些研究聚焦在跨国公司对其子公司在雇佣实践方面的控制、转移和传播。[4]比如Pulignano（2006）关注美国跨国公司的雇佣实践在其欧洲子公司（包括英国子公司和意大利子公司）中的传播，发现子公司的特征与东道国制度特征的作用共同存在。[5]Edwards et al.（2013）将加拿大、爱尔兰、西班牙和英国四个国家的跨国公司作为研究样本，从子公司

① 张皓.利益相关者和劳动关系治理——一个新的比较产业关系分析框架 [J] 教学与研究，2019（07）：59-73.
② FERNER A，ALMOND P，COLLING T，et al. Policies on Union Representation in US Multinationals in the UK：Between Micro - Politics and Macro - Institutions [J]. British Journal of Industrial Relations，2005，43（4）：703-728.
③ MARGINSON P，EDWARDS P，EDWARDS T，et al. Employee Representation and Consultative Voice in Multinational Companies Operating in Britain [J]. British Journal of Industrial Relations，2009，48（1）：151-180.
④ FERNER A，BÉLANGER J，TREGASKIS O，et al. U.S. Multinationals and the Control of Subsidiary Employment Policies [J]. ILR Review，2013，66（3）：645-669.
⑤ PULIGNANO V. The Diffusion of Employment Practices of US-Based Multinationals in Europe.：A Case Study Comparison of British - and Italian - Based Subsidiaries [J]. British Journal of Industrial Relations，2006，44（3）：497-518.

的功能、公司的结构和东道国约束的角度探究了跨国公司对于子公司的雇佣政策的控制。①

二、新兴经济体跨国企业的劳动与雇佣研究

目前，针对来自包括中国在内的发展中国家或者新兴经济体（如金砖国家（BRICS））的跨国企业的雇佣、劳动和人力资源管理的研究相对较少。这在一定程度上与发展中国家的跨国企业兴起相对较晚、影响力较弱有关。随着发展中国家经济的发展，其本土企业会越来越多地走上国际舞台，参与国际竞争与海外投资建设，逐渐成为国际商务与管理中的一支不可忽视的力量。发展中国家跨国企业逐渐引起学术界的关注，并成为国际商务和跨国企业管理领域的一个前沿研究热点。

对于发展中国家的跨国企业，现有文献通常将它们与来自发达国家的跨国企业比较，以分析这两类企业的异同，其重点在于强调发展中国家跨国企业的独特之处，特别是其弱势方面。大量文献着重指出了发展中国家跨国企业在国外运营时不仅面临对跨国企业而言普遍存在的外来者劣势，还不得不面对独特的出生地弱势（liability of origin），即由于这些企业源自发展中国家，因而常常被外国企业和利益相关者贴上一些负面标签；同时，发展中国家跨国企业的国际知名度普遍不高，并且与来自发达国家的跨国企业相比，它们缺乏国际化经验，管理国际业务的能力较弱。②由此，以发达国家跨国企业为对象的现有理论与研究发现不一定适用于发展中国家的跨国企业。

---

① EDWARDS T, TREGASKIS O, COLLINGS D, et al. Control over Employment Practice in Multinationals: Subsidiary Functions, Corporate Structures, and National Systems [J]. ILR Review, 2013, 66 (3): 670-695.
② [1] BARTLETT C A, GHOSHAL S. Going Global Lessons From Late Movers [J]. Harvard Business Review, 2000, 78 (2): 132-142. [2] WILKINSON A, WOOD G, DEMIRBAG M. Guest Editors' Introduction: People Management and Emerging Market Multinationals [J]. Human Resource Management, 2014, 53 (6): 835-849.

有鉴于此,在国际商务研究领域,新兴经济体的跨国企业作为一种新的企业类型是否挑战了现有的跨国企业理论一直是一个基础性的理论问题。

　　Hernandez & Guillén(2018)对学界关于新兴经济体跨国企业与经典跨国公司理论关系的已有观点进行了梳理。他们指出,目前学者们对新兴经济体跨国企业和经典跨国公司理论的关系主要有四种看法:(1)经典理论可以解释新兴经济体跨国企业,也就是说新兴经济体跨国企业只是跨国企业的一种具体类型,并没有理论层面的特殊性;(2)新兴经济体跨国企业给经典理论范式设置了边界条件,即新兴经济体跨国企业的特殊性证明经典理论的适用性存在边界,因此,已有的理论需要整合一些权变因素;(3)新兴经济体的跨国企业要求学者修正经典跨国公司理论范式背后的深层次预设,甚至对其做出根本性改变;(4)新兴经济体跨国企业需要创造一种全新的理论范式,旧有的理论应该被完全扬弃。[1]其中,前三种观点都已经分别得到了一系列文献的支持或者体现在一系列文献之中,而第四种观点尚未在其他文献中有明确论述。此外,可以看出,在这四种观点之间,新兴经济体跨国企业对于经典跨国公司理论的挑战是逐渐加深的。

　　Hernandez & Guillén(2018)进一步强调,未来的研究如果可以跳出单纯比较新兴经济体跨国企业与发达国家跨国企业异同的传统研究思路,将新兴经济体的跨国企业看作普遍意义上的跨国企业的"新兴"阶段,那么对新兴经济休跨国企业的研究将可能成为一个理论创新的金矿,它蕴含着国际商务、战略管理和组织理论等领域的重要理论创新机会。他们强调,对新兴经济体跨国企业的研究可以为我们创造绝佳的契机,帮助我们了解企业如何能发展成为跨国企业以及国家

---

① HERNANDEZ E, GUILLÉN M F. What's Theoretically Novel about Emerging-Market Multinationals? [J]. Journal of International Business Studies, 2018, 49(1): 24-33.

是如何创造制度条件以支持企业国际化的。这样一来，对于新兴经济体跨国企业的研究对一般意义上的跨国公司理论也将具有重要的启示。①这些学者的观点跳出了旧有的比较研究思路，将新兴经济体跨国企业的理论贡献提升到一个更高的层次，具有一定的理论洞察力。不过，类似的思想还未体现在跨国企业的劳动与雇佣研究领域中。

具体到新兴经济体跨国企业的劳动、雇佣和人力资源管理问题，相关的研究也只是在近几年才开始涌现。②一些学术期刊通过推出专刊的形式来凝聚研究发展中国家跨国企业劳动、雇佣和人力资源管理的学术力量，吸引国际学界的注意力，推动该领域的研究发展。比如，国际学术期刊 *Human Resource Management* 在 2014 年的一期专刊聚焦于发展中国家跨国企业的人员管理，而 *Journal of International Management* 在 2017 年也刊发了一期有关金砖五国跨国企业人力资源管理研究的专刊。不过，从总体上来说，当前学界对于发展中国家跨国企业的劳动、雇佣和人力资源管理的研究和理解仍然相当薄弱和浅显。③

还有一些研究者关注新兴经济体跨国企业的跨境并购行为，Khan 等（2021）提出了一个能解释跨境并购成功的被调节的中介模型，凸显了人力资源管理机制的重要价值。他们以员工的韧性和创造

① HERNANDEZ E, GUILLÉN M F. What's Theoretically Novel about Emerging-Market Multinationals？ [J]. Journal of International Business Studies, 2018, 49 (1): 24-33.
② [1] THITE M, WILKINSON A, SHAH D. Internationalization and HRM Strategies Across Subsidiaries in Multinational Corporations from Emerging Economies—A Conceptual Framework [J]. Journal of World Business, 2012, 47 (2): 251-258. [2] ZHU J S, ZHU C J, DE CIERI H. Chinese MNCs' Preparation for Host-Country Labor Relations: An Exploration of Country-of-Origin Effect [J]. Human Resource Management, 2014, 53 (6): 947-965. [3] XING Y, LIU Y, TARBA S Y, et al. Intercultural Influences on Managing African Employees of Chinese Firms in Africa: Chinese Managers' HRM Practices [J]. International Business Review, 2016, 25 (1): 28-41. [4] RUI H, ZHANG M, SHIPMAN A. Chinese Expatriate Management in Emerging Markets: A Competitive Advantage Perspective [J]. Journal of International Management, 2017, 23 (2): 124-138.
③ [1] WILKINSON A, WOOD G, DEMIRBAG M. Guest Editors' Introduction: People Management and Emerging Market Multinationals [J]. Human Resource Management, 2014, 53 (6): 835-849. [2] BUDHWAR P, TUNG R, VARMA A, et al. Developments in Human Resource Management in MNCs from BRICS Nations: A Review and Future Research Agenda [J]. Journal of International Management, 2017, 23 (2): 111-123.

力作为评价并购是否成功的标准，指出以分布式领导为代表的领导风格可以促进企业的社会化整合机制（包括员工感情联络活动和跨文化培训等人力资源管理实践），进而实现成功的并购。这种中介作用的强度受到被并购企业自主性的调节，被并购企业的自主性越强，通过社会化整合机制所实现的中介效应就越强。①

此外，还有学者探讨了新兴经济体跨国企业的母公司与子公司之间人力资源管理方面的关系，力图从理论上回应国际人力资源管理领域的一个基本争论："趋同–发散–会通"（convergence-divergence-crossvergence），即子公司与母公司在人力资源管理上保持一致、相异还是两者互相影响并形成一种新的模式。他们在"公司的战略目标（本土化还是全球化）"和"对子公司的控制方式（自主还是控制）"两个维度的基础上，构建了一个国际人力资源管理的四象限模型。除了趋同和发散之外，他们创造性地区分了两种类型的会通——深思熟虑的（deliberate）和涌现的（emergent）。他们通过理论分析和案例观察提出了如下理论命题：（1）当新兴经济体跨国企业追求低本土化的目标且子公司自主性低时，这些子公司倾向于采用趋同的国际人力资源管理战略；（2）高本土化和高自主性的组合更可能导致子公司采取趋异的国际人力资源管理战略；（3）高本土化和低自主化的组合更可能让子公司采取深思熟虑会通的国际人力资源管理战略；（4）低本土化和高自主性的组合更可能使得子公司采取涌现会通的国际人力资源管理战略。②

① KHAN Z, RAO-NICHOLSON R, AKHTAR P, et al. Cross-Border Mergers and Acquisitions of Emerging Economies′ Multinational Enterprises – The mediating Role of Socialization Integration Mechanisms for Successful Integration ［J］. Human Resource Management Review, 2021, 31（3）.
② FAN D, XIA J, ZHANG M, et al. The Paths of Managing International Human Resources of Emerging Market Multinationals: Reconciling Strategic Goal and Control Means ［J］. Human Resource Management Review, 2016, 26（4）: 298-310.

三、中国跨国企业劳动与雇佣研究

针对中国跨国企业的劳动与雇佣研究，以理论性阐述为主，存在一些案例描述型研究的论文，而规范实证研究较少。近年来，"一带一路"倡议下中国跨国企业的劳动与雇佣研究成为新的研究热点。

1.理论性阐述

目前，针对中国跨国企业的劳动、雇佣与人力资源管理研究主要还是以思辨性和理论性论述为主。这些文献强调人力资源管理对于企业国际化的重要性，通常从国际人力资源管理的独特性出发，围绕招聘、培训、薪酬、福利和绩效等人力资源管理模块展开多角度讨论，提出了一系列真知灼见。①此外，也有一些研究聚焦于中国跨国企业在海外面临的劳动环境和应对策略。比如，余建年（2003）从劳动力市场、劳动就业政策、劳动关系、社会福利保障制度和公平就业制度等五个方面较为全面地探讨了中国跨国公司在海外运营所面临的劳动环境。②而沈琴琴和刘文军（2013）则从法律、行政、企业管理和工会四个方面论述了中国企业在"走出去"过程中可采用的劳动关系调处机制。③

2.描述性案例研究

近年来，对中国跨国企业国际人力资源管理的案例研究逐渐增加。然而，它们通常仅介绍单个海外企业或者国际项目的国际人力资源管理实践，多为个别案例企业的经验总结。此类文献的目的更多在于介绍具体企业的人力资源管理实践活动，而非着重对国际人力资源

---

① 张君，孙健敏."走出去"战略下我国企业人力资源管理面临的挑战 [J]. 现代管理科学，2017（12）：94-96.
② 余建年.中国跨国公司人力资源管理的劳动环境 [J]. 江汉论坛，2003（06）：52-54.
③ 沈琴琴，刘文军.中国境外企业劳动关系调处机制研究 [J]. 中国青年政治学院学报，2013（02）：103-108.

管理和劳动关系的理论进行归纳与分析。

　　这些案例分析多以国有企业为对象，这与中国跨国企业最初以国有企业为主的特征相符。[①]目前的案例研究主要关注两大类企业和项目：一类为资源开发类企业，包括中国的石油公司在海外的项目，如中油国际乍得公司、C石油公司阿拉伯联合酋长国项目、中国石油海外项目、中国石化在沙特阿拉伯以及中国有色矿业集团。[②]另外一类研究关注国际电力工程项目中的人力资源管理，[③]包括国外水电站的建设与运维。[④]比如，郑成彬（2014）将国际电力 EPC（engineering，procurement and construction，即设计、采购和施工）总承包项目过程分解为四个阶段——投标及合同谈判阶段、项目启动策划阶段、项目执行阶段和项目结束阶段，并依据所在单位的经验，详细阐释了每个阶段涉及的人力资源管理要点问题。[⑤]王珊（2014）以中资企业承建的巴基斯坦 N-J 水电站项目为例，从人才招聘与选拔、人力资源配置与使用、培训与开发、人才激励与约束等方面论述了国际工程建设承包项目开展过程中应该遵循的人力资源管理原则，提出了一系列技术性的操作建议，并强调了对外籍员工进行统一规范

---

　　① BUCKLEY P J, CLEGG L J, CROSS A R, et al. The Determinants of Chinese Outward Foreign Direct Investment [J]. Journal of International Business Studies, 2009（2）: 353-354.

　　② [1] 唐尧.对跨国经营人力资源管理的思考——以中油国际乍得公司为例 [J]. 中国人力资源开发, 2012（07）: 62-67. [2] 陈少铃, 闫姝.驻外国际项目人力资源管理策略——以 C 石油公司阿联酋项目为例 [J]. 中国人力资源开发, 2010（02）: 35-38. [3] 张少敏.从跨文化管理视角浅议国际人力资源管理——从中国石油海外项目人力资源管理实践引发的思考 [J]. 现代商业, 2015（14）: 72-73. [4] 刘文勇.中石化企业集团在沙特人力资源管理存在问题与对策探讨 [J]. 现代经济信息, 2015（06）: 128-131. [5] 李雪梦."走出去"人力资源管理战略的本土化用工研究——以中国有色集团为例 [J]. 中国人力资源开发, 2015（15）: 103-108.

　　③ [1] 焦璇, 张水波, 康飞.国际工程项目外派人员心理健康问题分析 [J]. 国际经济合作, 2011（08）: 60-63. [2] 郑成彬.国际电力 EPC 总承包项目人力资源管理 [J]. 管理观察, 2014（34）: 115-117.

　　④ [1] 王珊.国际工程建设承包项目人力资源管理浅析——以巴基斯坦 N-J 水电项目为例 [J]. 人民长江, 2014（05）: 50-52. [2] 于媛媛, 刘巍, 李守志.国际工程项目境外人力资源管理——以水电站运维为例 [J]. 企业改革与管理, 2016（22）: 39-40.

　　⑤ 郑成彬.国际电力 EPC 总承包项目人力资源管理 [J]. 管理观察, 2014（34）: 115-117.

管理的必要性和重要性。①此外，焦璇、张水波和康飞（2011）重点关注了国际工程项目外派人员的心理健康问题，剖析了此类员工心理健康水平的影响因素，并从外派的全过程提出了提升外派员工心理健康水平的若干建议。②徐渊等（2016）介绍了一家国有的汽车零部件制造企业在国际化经营过程中的培训体系的构建和运作实践。③冯娇娇等（2017）则关注了中国银行的外派人员管理。④

此外，也有一些知名的民营企业受到了学者的关注。比如，宋殿辉（2015）梳理了TCL公司在实施国际化战略的过程中人力资源管理的演化过程，呈现了企业国际化战略与人力资源管理系统的互动过程。⑤像海尔、联想这样较早开始国际化的企业以及新兴的互联网企业——阿里巴巴、腾讯等——的国际人力资源管理也纷纷被作为典型案例或者标杆实践进行介绍。

还有一些研究重点关注了中国企业在跨国收购和兼并过程中面临的人力资源整合问题。比如，卢东斌和黄振京（2010）聚焦于中国华能国际并购新加坡大士能源的案例；⑥杨月坤和朱妹（2014）以联想并购IBM全球PC业务的案例为研究对象；⑦李杏将研究目光落在蓝星并购安迪苏的案例上；⑧胡晓妹（2015）选择了中国矿业公司的跨国并购案例。⑨这些研究识别了中国企业在跨国并购过程中可能出现的

① 王珊.国际工程建设承包项目人力资源管理浅析——以巴基斯坦N-J水电项目为例 [J].人民长江，2014（05）：50-52.
② 焦璇，张水波，康飞.国际工程项目外派人员心理健康问题分析 [J].国际经济合作，2011（08）：60-63.
③ 徐渊，石伟，刘俊双，等.国有制造企业国际化战略中的培训体系探索与实践——以DK公司为例 [J].中国人力资源开发，2016（16）：61-67.
④ 冯娇娇，程延园，王甫希.员工的外派动机与国际人力资源管理政策匹配性——以中国银行为例 [J].中国人力资源开发，2017（04）：101-110.
⑤ 宋殿辉.人力资源管理与国际化战略的匹配——以TCL为例 [J].中国人力资源开发，2015（24）：31-37.
⑥ 卢东斌，黄振京.基于软、硬约束因素的跨国并购人力资源整合研究——以中国华能国际并购新加坡大士能源为例 [J].管理学家（学术版），2010（05）：35-49.
⑦ 杨月坤，朱妹.跨国并购后的人力资源整合风险与管理——以联想并购IBM全球PC业务为例 [J].领导科学，2014（05）：49-52.
⑧ 李杏.中国企业跨国弱势并购中的人力资源整合水平及模式研究——以蓝星并购安迪苏为例 [J].商场现代化，2015（03）：140-141.
⑨ 胡晓妹.中国矿业公司跨国并购后的人力资源整合研究 [J].中国有色金属，2015（S1）：187-190.

（国家和企业）双重文化冲突、劳资冲突和母公司与子公司人力资源管理模式等问题，并提出了加强文化融合、培养国际化人才等应对策略。

这些企业和项目案例描述型研究虽然不以理论创造或者揭示中国跨国企业劳动与雇佣的普遍规律为首要目的，但仍有重要的实践价值。它们为中国跨国企业的国际人力资源管理积累了操作素材，提供了丰富的实践参考资料。

3.实证研究

有学者采用案例研究的方法探索了中国跨国企业的劳动、雇佣和人力资源管理，并指出宏观制度因素的制约作用。方安静（2015）在论述中国华能国际并购新加坡大士能源这一案例时，强调了《职工会法令》、《雇佣法令》和《工业关系法令》等一系列劳动与雇佣法律制度对于并购整合的硬性约束作用。[1]卢东斌和黄振京（2010）发现在亚洲和非洲运营的中国跨国企业的劳动与雇佣政策和人力资源管理受到多种制度行动者的影响，包括东道国政府、母国政府、工会、媒体和当地社区等。[2]有学者以21家中国跨国企业为对象，发现这些企业在东道国的劳动关系受到中国背景的影响，并识别了中国烙印的具体表现及其作用机制（Cooke，2014）。[3][4] Cooke 等（2015）以在非洲开展经营的四家中国国有矿业公司为研究对象，特别强调了诸如部落首领等非正式制度力量对中国跨国公司的劳动关系和人力资源管理的重

---

① 方安静.基于"大海外"事业平台的国际化人力资源管理体系——某大型中央企业的国际化人力资源管理之路［J］.中国人力资源开发，2015（24）：12-18.
② 卢东斌，黄振京.基于软、硬约束因素的跨国并购人力资源整合研究——以中国华能国际并购新加坡大士能源为例［J］.管理学家（学术版），2010（05）：35-49.
③ COOKE F. Chinese Multinational Firms in Asia and Africa: Relationships with Institutional Actors and Patterns of HRM Practices［J］. Human Resource Management，2014，53（6）：877-896.
④ ZHU J S，ZHU C J，DE CIERI H. Chinese MNCs' Preparation for Host-Country Labor Relations: An Exploration of Country-of-Origin Effect［J］. Human Resource Management，2014，53（6）：947-965.

要影响。[①]

另外，立足于中国跨国企业人力资源管理模式，林肇宏等（2015）以深圳市五家高新技术企业为案例研究对象，识别了这些企业采用的人力资源管理模式（包括强民族中心与多中心主义混合、弱民族中心与多中心主义混合、纯粹的民族中心主义三种）以及影响它们模式选择的因素（包括母公司对海外子公司的控制、海外经营经验、海外机构的运营时间和规模、东道国与中国的文化差异、关系资本），并从招聘、培训与沟通、绩效管理和员工福利等角度描绘了中国跨国企业的人力资源管理实践。[②]

近来一些研究者聚焦于在非洲经营的中国国有建筑公司的工人招募和劳动纠纷，[③]指出建筑公司通常将项目分包给许多分包商，后者随后通过务工中介从中国招募工人，即中国在非洲项目的派遣工人。选择从中国招募外派工人到非洲工作的原因包括这些工人技术水平高、经验更为丰富，也更容易管理。同时，这也为中国工人创造了一些工作机会，缓解国内的就业压力。此外，他们的研究强调了制度因素的重要性。比如，企业雇用的当地人与中国人的比例除了受到当地工人可获得性的影响以外，还取决于当地劳动法规的限制以及当地政府对于雇用当地员工的要求。另外，当劳动纠纷出现时，正式的制度安排往往会失效，中国本土的法律机构不愿介入，中国工会和东道国工会也无法触及这一方面，此时国有建筑公司作为一种权威力量扮演着行政机构的角色来调解这些纠纷。

---

① COOKE F, WANG J, YAO X, et al. Mining with a High-End Strategy: A Study of Chinese Mining Firms in Africa and Human Resources Implications [J]. The International Journal of Human Resource Management, 2015: 26 (21): 2744–2762.

② 林肇宏，薛夏斌，李世杰.企业跨国经营中的人力资源管理模式选择及原因分析 [J]. 管理学报，2015 (05): 702–709.

③ COOKE F, WANG D, WANG J. State Capitalism in Construction: Staffing Practices and Labour Relations of Chinese Construction Firms in Africa [J]. Journal of Industrial Relations, 2018, 60 (1): 77–100.

四、共建"一带一路"倡议下中国跨国企业的劳动与雇佣研究

随着共建"一带一路"倡议的提出,学者们纷纷开启了对中国企业在响应共建"一带一路"倡议和开展国际化经营过程中的劳动、雇佣和人力资源管理相关问题的探讨。首先,学者们普遍强调了注重劳动与雇佣风险对于中国企业在共建"一带一路"国家投资经营的重要性。[1]比如,林新奇和王富祥(2017)指出中国企业在进入共建"一带一路"国家的过程中需要防范劳动法律规制风险(包括工会和劳动法的风险),构建人力资源风险预警机制。[2]金波(2017)则提出中国企业在共建"一带一路"国家的战略并购需要注意劳工保护风险、劳工组织风险和人员整合风险。[3]

同时,学者们还就中国跨国企业如何防范和化解劳动和雇佣风险提出了一系列建议。比如,夏青云(2017)指出,企业应该构建双向互动的劳资沟通与协调机制。[4]李文沛(2017)认为应该通过法律系统的建构来保障境外劳动者的权益并发挥政府在其中的积极作用。[5]金波(2017)、辛越优与倪好(2016)等学者强调了借助外部优质的法律服务对于中国企业在共建"一带一路"国家中实现劳动合规的重

---

[1] 李晓."一带一路"战略(应为"一带一路"倡议,为尊重原题,不做修改,下同——编者注)实施中的"印度困局"——中国企业投资印度的困境与对策 [J].国际经济评论,2015(05):19-42.[2] 何茂春,田斌."一带一路"战略的实施难点及应对思路——基于对中亚、西亚、南亚、东南亚、中东欧诸国实地考察的研究 [J].人民论坛·学术前沿,2016(05):55-62.[3] 花勇."一带一路"建设中海外劳工权益的法律保护 [J].江淮论坛,2016(04):114-119.[4] 张晓明."一带一路"建设进程中共同体构建的路径探索——以劳动调解制度为例 [J].九江学院学报(自然科学版),2016(01):24-30.

[2] 林新奇,王富祥.中国企业"走出去"的人力资源风险及其预警机制 [J].中国人力资源开发,2017(02):145-153.

[3] 金波."一带一路"战略下跨国并购的劳动法律风险 [J].理论观察,2017(04):112-114.

[4] 夏青云."一带一路"视角下的劳动关系协调与沟通 [J].海峡科学,2017(05):132-135.

[5] 李文沛."一带一路"战略下我国境外劳动者权益保护中的政府作用研究 [J].行政法学研究,2017(04):109-117.

要性。①类似地，肖竹（2018）挖掘了中国跨国企业在外劳动关系治理方面面临的挑战及背后的原因，为企业提出了一系列有效的应对策略。其中，他特别强调了尊重东道国劳动法制应是中国跨国企业的基本立场。②在法律法规的具体内容方面，2017年中华全国律师协会出版了《"一带一路"沿线国家法律环境国别报告》（第一卷、第二卷），其中简要涉及43个"一带一路"沿线国家的劳动相关法律，但并没有论述这些法律的实施情况，包括这些法律对跨国企业的实际影响。③

五、文献述评

总体而言，在国际劳动与雇佣领域，大量文献着力于介绍国际政策和模式，或进行国际比较，而对于跨国企业的已有研究通常关注来自发达国家的跨国企业，对发展中国家跨国企业的劳动、雇佣和人力资源管理的研究才刚刚兴起。具体到中国跨国企业在海外（包括共建"一带一路"国家）的劳动与雇佣问题，目前的文献注重理论上的探讨，强调中国跨国企业重视劳动雇佣风险的必要性，论述可能面临的劳动与雇佣风险并提出相应的解决方案，但是对中国跨国企业在共建"一带一路"国家所面临的劳动与雇佣方面管制与约束的实际状况关注较少，尚未掌握详细的一手资料。现有研究主要采用案例研究方法，也存在样本数量较少、企业代表性较弱、涉及的共建"一带一路"国家不全等不足。而中国不同类型的企业在不同的国家和地区所面临的劳动与雇佣问题可能有显著差异，这方面的研究还有广阔的探索空间。

---

① [1] 金波. "一带一路"战略下跨国并购的劳动法律风险 [J]. 理论观察，2017（04）：112-114. [2] 辛越优，倪好. 国际化人才联通"一带一路"：角色、需求与策略 [J]. 高校教育管理，2016（04）：79-84.

② 肖竹. "一带一路"背景下"出海"企业的对外劳动关系治理 [J]. 中国人力资源开发，35（04），144-150.

③ [1] 中华全国律师协会. "一带一路"沿线国家法律环境国别报告（第一卷）[M]. 北京：北京大学出版社，2017. [2] 中华全国律师协会. "一带一路"沿线国家法律环境国别报告（第二卷）[M]. 北京：北京大学出版社，2017.

第三节　研究方法

本书力图描述和挖掘中国跨国企业在共建"一带一路"国家所面临的劳动与雇佣管制问题。基于比较产业关系的利益相关者视角，[①]本研究原计划针对中国跨国企业劳动与雇佣管制的多个利益相关者群体进行数据采集。为了掌握企业的实际信息，课题组在浙江、山东、北京等地初步走访调研了一些中国跨国企业，了解了部分中国跨国企业海外人力资源管理、劳动关系方面的基本情况。为更进一步了解中国跨国企业面临的劳动与雇佣方面的管制约束，我们联系了一些中国驻外使领馆的外交官，并且与本研究的泰国高校合作者商议，计划前往东南亚的若干共建"一带一路"国家开展针对中国驻外使领馆、中国跨国企业海外分公司（或子公司）、中资企业商会等机构开展实地调查。然而，由于受到突如其来的新冠肺炎疫情的影响，我们只能搁置这一实地调查方案，转而改用更具可行性的研究方法。

本书主要采用了文献与二手资料研究方法。涉及的利益相关者群体主要为国际组织与各国政府。[②]资料来源包括中国政府网站（包括商务部网站、中国一带一路网等）、中国驻外使领馆网站、国际劳工组织网站、世界贸易组织网站、联合国网站、经济合作与发展组织网站、东盟网站、外国政府网站、相关民间组织网站等，也广泛收集了大量的书籍和论文等，并对这些资料进行了整理与分析。此外，本书还采用了二手数据分析方法，对来自经济合作与发展组织的雇佣保护法指数和世界银行的雇佣员工指数两大数据库分别进行了深度分析，

---

① [1]杨伟国，周宁.西方比较产业关系理论：发展与挑战[J].教学与研究，2019（07）：37-47.[2]张皓.利益相关者和劳动关系治理——一个新的比较产业关系分析框架[J].教学与研究，2019（07）：59-73.
② 张皓.利益相关者和劳动关系治理——一个新的比较产业关系分析框架[J].教学与研究，2019（07）：59-73.

对这些数据库中所含共建"一带一路"国家的劳动与雇佣管制状况从整体、分维度、分类和动态性等方面进行了描述和剖析。

第四节　研究内容与章节安排

本书的后续章节将对共建"一带一路"国家对海外投资的劳动与雇佣管制约束进行深入研究。主要涉及多国的劳动与雇佣管制比较研究，并针对国际组织和代表性国家对跨国企业的劳动与雇佣管制进行深入研究。具体的章节安排如下：

第二章和第三章分别依据世界银行雇佣员工指数和OECD雇佣保护法指数对共建"一带一路"国家/经济体的劳动与雇佣管制状况进行了深入描述和分类分析。本书发现，大多数共建"一带一路"国家/经济体的劳动雇佣管制较为宽松且投资环境较为稳定。

第四章介绍国际组织对跨国企业的劳动与雇佣管制。由于国际组织制定且实施了一系列针对跨国企业的劳动与雇佣的公约、协定或者相关的认证机制等，跨国企业在海外投资运营时也可能受到国际组织相关制度的约束，同时，国际组织的管制约束的适用范围较广。因此，本书整理了国际组织对跨国企业的劳动与雇佣管制，并以国际劳工组织为参照，比较分析了各国际组织在跨国企业劳动与雇佣管制方面的异同。

第五章选取了越南、泰国、马来西亚和印度尼西亚这四个东南亚共建"一带一路"国家，结合世界银行雇佣员工指数的维度，重新界定了其子维度，比较分析了这四个国家的一般性劳动与雇佣法律法规以及针对外资企业或者外籍劳工的特定法律与条款。

第六章为总结、启示与研究展望，主要提出了一系列针对中国政府的政策建议以及有关中国跨国企业的管理启示。本书提出，政府与跨国企业应当加强对海外劳动关系管理的重视，以更为有效地应对日益多样化的劳动与雇佣管制规则。具体而言，政府可以通过鼓励相关研究、积极参与国际劳动标准与规则的制定、在教育中增加国际化教学培养内容和在驻外使领馆配置劳动与雇佣方面的专业外交官等多种形式提升我国的宏观跨国劳动关系治理能力。而中国企业则可以采取将海外投资的劳动与雇佣管制纳入组织战略，打造海外劳动与雇佣管理的专业化队伍，积极主动咨询中国驻海外使领馆的专业人员或海外专业法律机构等策略。最后，本书强调，共建"一带一路"国家劳动与雇佣管制约束仍然是一个有待深入挖掘的领域，未来需要大力开展这方面的国别研究、国际比较研究。此外，本书也建议，今后应该关注企业层面，特别是中国跨国企业应对海外劳动与雇佣管制的战略及其影响。比如，识别中国跨国企业应对东道国劳动与雇佣管制的模式与策略，检验中国跨国企业应对海外劳动与雇员管制的不同模式所产生的影响。同时，在此过程中挖掘中国跨国企业在共建"一带一路"国家中劳动与雇佣、人力资源管理实践的独特性。

第二章

共建"一带一路"经济体的雇佣员工指数：基于
世界银行营商环境便利度指数的分析

自 2003 年至 2020 年，世界银行每年发布针对全球经济体的营商环境便利度指数，这是众多跨国企业进行对外直接投资决策和经营的参考指标。这一指数中包含雇佣员工指数（Employing Workers Index，EWI），它衡量了各相关经济体在雇佣灵活度和解雇等就业管制方面的程度差异。世界银行 2020 年发布的 2019 年度 EWI 相关数据库共包含 191 个经济体的数据。本章采用 EWI 对这 191 个经济体（其中包含 145 个共建"一带一路"国家，以及中国大陆（内地）、中国台湾、中国香港 3 个经济体，共计 148 个共建"一带一路"经济体）的劳动与雇佣管制进行深入分析。

第一节　雇佣员工指数

雇佣员工指数是世界银行用于衡量全球经济体就业管制的指标。作为世界银行评估"营商环境便利度"的一个"特别主题"，在 2011 年以后，该指数不再用于对各经济体"营商环境便利度"的分数计算和排名。雇佣员工指数主要衡量"雇佣灵活性"（flexibility of employment）和"解雇"（redundancy）两个方面，[1]包含四个维度：雇用（hiring）、工作时长（working hours）、解雇政策（redundancy rules）和解雇成本（redundancy cost）。评估雇佣员工指数时，这四个维度的权重各占 25%。

雇佣员工指数的评估内容从"营商环境便利度"项目启动以来，经历了几次修改。例如，2004 年，该指数的评估内容包括雇佣灵活度指数、雇佣条件指数、解雇灵活度指数和劳动法规范指数；[2]2009 年，该指数的评估内容包括雇佣难度指数、工作时长刚性指数、解雇

---

[1]　参见世界银行公布的数据（https://www.doingbusiness.org/en/data/exploretopics/employing-workers/what-measured），最后访问于 2021 年 8 月 9 日。
[2]　王美舒．世界银行《营商环境报告》述评 [J]．师大法学，2018（01）：136-148.

难度指数、解雇成本；[①]2013年，该指数的评估内容包括雇佣难度指数、工作时长刚性指数、解雇政策、解雇成本和最低工资；2016年，该指数的评估内容包括雇用、工作时长、解雇政策和解雇成本。至2019年，该指标的评估内容未做新的修改。

一、EWI 的测量方法

本节对包括 EWI 的调查过程、具体测量方法、指数赋值方法在内的 EWI 测量方法进行系统介绍。

1.EWI 的调查过程

根据世界银行官网信息，EWI 数据的收集通过问卷调查的形式开展。[②]该问卷基于 Botero 等人（2004）的论文，[③]由相关学者、政府人员共同设计。问卷每年由当地律师、政府官员等通过电子邮件填写，并与咨询公司合作来检验数据的可靠性。另外，其他人员也可以在世界银行官网报名，通过审核后成为填写问卷的一员。

被测样本是全球各经济体的第一大城市。2013年以后，被测经济体的人口规模在1亿以上时，选取其前两大城市，[④]如在中国选取上海和北京。其中，在2019年，调查前两大城市的经济体包括孟加拉国、巴西、中国、印度、印度尼西亚、日本、墨西哥、尼日利亚、巴基斯坦、俄罗斯和美国11个国家。一个经济体的 EWI 最终分数通过对其两个城市的得分进行加权平均计算得到。每个城市占这个经济体得分的权重不同，例如对中国而言，上海占55%，北京占45%。各

---

① 参见世界银行文件（https://www.doingbusiness.org/content/dam/doingBusiness/media/Methodology/Data-Corrections/DB09-corrections.pdf），最后访问于2021年8月9日。
② 参见世界银行官网 Methodology 页面内容（https://www.doingbusiness.org/en/methodology），最后访问于2021年8月9日。
③ BOTERO J，DJANKOV S，LA PORTA R，et al. The regulation of labor [J]. The Quarterly Journal of Economics，2004，119（4）：1339-1382.
④ 钟飞腾，凡帅帅.投资环境评估、东亚发展与新自由主义的大衰退——以世界银行营商环境报告为例 [J]. 当代亚太，2016（06）：118-154.

城市在计算EWI得分时的权重分配①见表2-1。

表2-1 不同城市的权重分配

经济体	城市	权重（%）
孟加拉国	达卡	78
	吉大港	22
巴西	圣保罗州	61
	里约热内卢	39
中国	上海	55
	北京	45
印度	孟买	47
	德里	53
印度尼西亚	雅加达	78
	泗水	22
日本	东京	65
	大阪	35
墨西哥	墨西哥城	83
	蒙特雷	17
尼日利亚	拉各斯	77
	卡诺	23
巴基斯坦	卡拉奇	65
	拉合尔	35
俄罗斯	莫斯科	70
	圣彼得堡	30
美国	纽约	60
	洛杉矶	40

① World Bank. Ease of Doing Business Score and Ease of Doing Business Ranking［R/OL］. 2020［2024-05-18］. https：//openknowledge. worldbank. org/bitstream/handle/10986/32436/ 9781464814402_Ch06.pdf.

2.EWI的具体测量方法

为使调查结果在各经济体之间具有可比性，问卷采用情景案例的方式对被测者（包括员工、雇主等）做了相关假设，规定了相关情景。关于被测员工的假设：第一，该员工是一名19岁的超市或食品杂货商店的收银员，仅有一年工作经验；第二，该员工是一名全职员工；第三，该员工除了某些强制其加入的组织外，未加入任何工会组织。

关于被测雇主的假设：第一，该雇主是有限责任公司；第二，公司在该经济体的第一大城市经营一家超市或食品杂货商店（其中有11个国家，因为人口规模在1亿以上，也测了其第二大城市的数据）；第三，这家公司有60名员工；第四，如果当地50%以上的食品零售商都采取集体谈判制度，甚至该制度也适用于未采取集体谈判制度的部门，则该公司需要采取集体谈判制度；第五，该公司遵守相关法律法规，但不在法律法规、集体谈判（在该公司有的情况下）的规定之外给予员工更多的利益。

此问卷所测内容中（见表2-2），"雇用"维度的问题中，问题1.1的回答为"是"或"不是"；"工作时长"维度中，问题2.5、2.6、2.7的回答为"是"或"不是"；"解雇政策"维度中，所有问题的回答均为"是"或"不是"；"解雇成本"维度中，问题4.9的回答为"是"或"不是"。除此以外，对其余问题皆根据当地真实情况作答。例如，针对问题2.1的回答，阿尔巴尼亚的数据为"5.5"，即阿尔巴尼亚每周最多工作天数为5.5天。

3.EWI的指标赋值方法

对于部分指标，本书根据 Berg 和 Cazes（2007）关于 EWI 的研究方法[①]进行了重新赋值，赋值方法见表2-3。

---

① BERG J, CAZES S. The Doing Business Indicators: Measurement Issues and Political Implications [R/OL]. 2007 [2024-05-18]. http: //www.oit.org/public/english/employment/download/elm/elm07-6.pdf.

表2-2	EWI的调查内容[①]
1 雇用	1.1 是否禁止将固定期限合同用于永久性工作
	1.2 固定期限合同（不包括任何续签）的最长期限（月）
	1.3 固定期限合同（包括所有续签）的最长期限（月）
	1.4 法律规定的正式员工的最长试用期限（月）
	1.5 19岁、有1年工作经验的收银员的最低工资（美元/月）
	1.6 法定最低工资与每名工人增加的工资平均值之比
2 工作时长	2.1 每周最多工作天数
	2.2 夜间工作的津贴（按小时工资的百分比）
	2.3 周末工作的津贴（按小时工资的百分比）
	2.4 加班的津贴（按小时工资的百分比）
	2.5 是否有对夜间工作的管制
	2.6 是否有对周末工作的管制
	2.7 是否有对加班的管制
	2.8 工龄1年的员工的法定带薪年假
	2.9 工龄5年的员工的法定带薪年假
	2.10 工龄10年的员工的法定带薪年假
	2.11 每日标准工作时长
	2.12 平均带薪年假（2.8、2.9、2.10的平均值）
3 解雇政策	3.1 以裁员为理由解雇员工是否合法
	3.2 解雇1名或多名员工是否要通知第三方（如政府部门）
	3.3 解雇一组9名员工是否要通知第三方（如政府部门）
	3.4 是否要第三方批准才能解雇1名员工
	3.5 是否要第三方批准才能解雇一组9名员工

① World Bank. Doing Business [R/OL]. 2020 [2024-05-18]. https://openknowledge. worldbank.org/bitstream/handle/10986/32436/211440app.pdf.

	3.6 雇主是否有义务在裁员之前重新分配岗位或再培训员工
3 解雇政策	3.7 优先原则是否适用于被解雇的员工
	3.8 优先原则是否适用于再就业的员工
	4.1 解雇工龄 1 年的员工的通知期（以工资周为单位）
	4.2 解雇工龄 5 年的员工的通知期（以工资周为单位）
	4.3 解雇工龄 10 年的员工的通知期（以工资周为单位）
	4.4 平均解雇通知期（4.1、4.2、4.3 的平均值）
4 解雇成本	4.5 解雇工龄 1 年的员工的赔偿金（以周薪为单位）
	4.6 解雇工龄 5 年的员工的赔偿金（以周薪为单位）
	4.7 解雇工龄 10 年的员工的赔偿金（以周薪为单位）
	4.8 平均解雇赔偿金（4.5、4.6、4.7 的平均值）
	4.9 员工在职 1 年后是否获得失业保护

表 2-3 赋值方法

问题	赋值方法
1.1 是否禁止将固定期限合同用于永久性工作	"是"=1 "否"=0
1.2 固定期限合同（不包括任何续签）的最长期限（月）	"小于 36 月"=1 "大于等于 36 月，小于 60 月"=0.5 "大于等于 60 月"=0
1.3 固定期限合同（包括所有续签）的最长期限（月）	"小于 36 月"=1 "大于等于 36 月，小于 60 月"=0.5 "大于等于 60 月"=0

问题	赋值方法
1.6 法定最低工资与每名工人增加的工资平均值之比	"大于等于 0.75" =1 "大于等于 0.5，小于 0.75" =0.67 "大于等于 0.25，小于 0.5" =0.33 "小于 0.25" =0
2.1 每周最多工作天数	"大于等于 5.5" =0 "小于 5.5" =1
2.5 是否有对夜间工作的管制	"是" =1 "否" =0
2.6 是否有对周末工作的管制	"是" =1 "否" =0
2.7 是否有对加班的管制	"是" =1 "否" =0
2.8 工龄 1 年的员工的法定带薪年假	"小于等于 21 天" =0 "大于 21 天" =1
2.9 工龄 5 年的员工的法定带薪年假	"小于等于 21 天" =0 "大于 21 天" =1
2.10 工龄 10 年的员工的法定带薪年假	"小于等于 21 天" =0 "大于 21 天" =1
3.1 以裁员为理由解雇员工是否合法	"是=0" 若回答为 "否"，则这一部分剩余问题都无意义
3.2 解雇 1 名或多名员工是否要通知第三方（如政府部门）	"是" =1 "否" =0
3.3 解雇一组 9 名员工是否要通知第三方（如政府部门）	"是" =1 "否" =0

问题	赋值方法
3.4 是否要第三方批准才能解雇一名员工	"是" =2 "否" =0
3.5 是否要第三方批准才能解雇一组9名员工	"是" =1 "否" =0
3.6 雇主是否有义务在裁员之前重新分配岗位或再培训员工	"是" =1 "否" =0
3.7 优先原则是否适用于被解雇的员工	"是" =1 "否" =0
3.8 优先原则是否适用于再就业的员工	"是" =1 "否" =0
4.9 员工在职1年后是否获得失业保护	"是" =1 "否" =0

关于赋值方法，需要说明的是：

（1）关于问题"1.2固定期限合同（不包括任何续签）的最长期限（月）"及"1.3固定期限合同（包括所有续签）的最长期限（月）"，相关文献中提及的赋值方法只是针对"固定期限合同的最长期限"，没有对续签与否做出分类，据此推测问题1.2、问题1.3的赋值方法都是"小于36月"=1；"大于等于36月，小于60月"=0.5；"大于等于60月"=0。

（2）关于问题"2.7是否有对加班的管制"，文献中未指出其赋值方法，但根据对问题2.5及问题2.6的赋值方法，有理由推测问题2.7的赋值方式也是"是"=1，"否"=0。

（3）对于问题"4.9员工在职1年后是否获得失业保护"，文献中未指出其赋值方法，根据指标的含义及其他问题的赋值方法，有理由推测问题4.9的赋值方式也是"是"=1，"否"=0。

参照世界银行营商环境便利度指数的前沿距离法（the distance to frontier score，DTF），我们对EWI中未经赋值的项目，采用"min-max标准化"方法，对所有数据进行标准化。世界银行营商环境调查中，对其他指标的计算采用前沿距离法。①DTF法的基础是确定"前沿标准"，即每个项目的"最佳实践"与"最差实践"。"最佳实践""最差实践"的确立是根据当年各经济体的真实数据，选取该项目上最好和最差的分数作为标准，但这个标准每5年确立一次，此后这5年都以这个数据为前沿标准，即5年内标准是一定的。最终，使各指标的取值在0~1之间，这样使得数据处于同一量纲，便于计算。具体步骤如下：第一，以2015年数据为标准，确定这一年各项目上的最大值和最小值，此后2015—2019年这5年，都沿用这个最大值、最小值。第二，采用公式"（x－最小值）/（最大值－最小值）"计算得分；其中，x代表某经济体某项目在某一年的真实值。将数据标准化之后，对每一个维度的子项目取平均值，得到该维度的得分，再对4个维度的得分求平均数，即得到每个经济体的EWI得分。举例来说，2015年部分数据的最大值、最小值见表2-4。

表2-4　　　　　　2015年部分数据的最大值、最小值

项目	最大值	最小值
1.4法律规定的正式员工的最长试用期限（月）	24（塞浦路斯）	0（巴哈马等4个）

①　World Bank. Ease of Doing Business Score and Ease of Doing Business Ranking ［R/OL］. 2019 ［2024-05-18］，https：//openknowledge. worldbank. org/bitstream/handle/10986/32436/9781464814402_Ch06.pdf.

项目	最大值	最小值
1.5 19岁、有1年工作经验的收银员的最低工资（美元/月）	3 994.2 （挪威）	0.0 （阿富汗）
2.2 夜间工作的津贴（按小时工资的百分比）	82.5 （奥地利）	0.0 （阿尔及利亚等116个）
2.3 周末工作的津贴（按小时工资的百分比）	150.0 （老挝、约旦河西岸和加沙地带）	0.0 （阿尔及利亚等87个）
2.4 加班的津贴（按小时工资的百分比）	112.5 （萨尔瓦多）	0.0 （不丹等24个）
2.11 每日标准工作时长	9.0 （智利等16个）	0.0 （汤加）
2.12 平均带薪年假（2.8、2.9、2.10的平均值）	80.0 （索马里）	0.0 （冈比亚等8个）
4.1 解雇工龄1年的员工的通知期（以工资周为单位）	26.0 （冈比亚）	0.0 （哥伦比亚等27个）
4.2 解雇工龄5年的员工的通知期（以工资周为单位）	37.6 （格林纳达）	0.0 （哥伦比亚等27个）
4.3 解雇工龄10年的员工的通知期（以工资周为单位）	37.6 （格林纳达）	0.0 （哥伦比亚等27个）
4.4 平均解雇通知期（4.1、4.2、4.3的平均值）	31.3 （格林纳达）	0.0 （哥伦比亚等27个）

项目	最大值	最小值
4.5 解雇工龄 1 年的员工的赔偿金（以周薪为单位）	26.0 （冈比亚）	0.0 （阿尔巴尼亚等 66 个）
4.6 解雇工龄 5 年的员工的赔偿金（以周薪为单位）	65.0 （津巴布韦）	0.0 （奥地利等 41 个）
4.7 解雇工龄 10 年的员工的赔偿金（以周薪为单位）	132.0 （塞拉利昂）	0.0 （奥地利等 41 个）
4.8 平均解雇赔偿金（4.5、4.6、4.7 的平均值）	69.3 （津巴布韦）	0.0 （奥地利等 41 个）

关于 EWI 的计算方法，需要说明两点特殊情况：

（1）就 2019 年的数据，对问题 "1.2 固定期限合同（不包括任何续签）的最长期限（月）" 的回答中，93 个经济体为 "无限制"；对问题 1.3 的回答中，106 个经济体为 "无限制"。根据 EWI 的含义，得分越高表示雇佣管制越严，当一个经济体的法律未对固定期限合同的期限做出规定时，被视为雇佣管制较松，因此将 "无限制" 项赋值为 0。

（2）数据集中有些经济体的数据为 "n.a."，按缺失值处理。

二、本书的 EWI 数据

为了更好地体现共建 "一带一路" 国家雇佣员工指数的最新状况，本书对 2019 年的 EWI 数据进行深入分析。世界银行 2020 年发布的 2019 年度 EWI 相关数据库①共包含 191 个经济体的 EWI 数据，其中

---

① 参见世界银行 Data 页面公布的 FAQ 相关信息（https://www.doingbusiness.org/en/data/exploretopics/employing-workers/faq），最后访问于 2021 年 8 月 9 日。

145个属于共建"一带一路"国家（本章所指的共建"一带一路"国家是"中国一带一路网"公布的国家①），见表2-5。在此基础上，加上中国大陆（内地）、中国台湾、中国香港3个经济体，共计148个共建"一带一路"经济体。本章将以经济体为单位对获取的EWI数据进行分析。同时，为了开展比较研究，下面的分析以全部191个经济体为对象，进而比较"一带一路"经济体与非"一带一路"经济体在EWI上的表现。此外，在进行EWI跨年度变化程度分析时，本书聚焦于各共建"一带一路"经济体2015年至2019年的数据。

表2-5   EWI涵盖的共建"一带一路"国家

阿尔巴尼亚	东帝汶	津巴布韦	摩尔多瓦	特立尼达和多巴哥
阿尔及利亚	多哥	喀麦隆	摩洛哥	突尼斯
阿富汗	多米尼加	卡塔尔	莫桑比克	土耳其
阿拉伯联合酋长国	多米尼克	科摩罗	纳米比亚	瓦努阿图
阿曼	俄罗斯	科特迪瓦	南非	委内瑞拉
阿塞拜疆	厄瓜多尔	科威特	南苏丹	文莱
埃及	厄立特里亚	克罗地亚	尼泊尔	乌干达
埃塞俄比亚	菲律宾	肯尼亚	尼日尔	乌克兰
爱沙尼亚	斐济	拉脱维亚	尼日利亚	乌拉圭
安哥拉	佛得角	莱索托	葡萄牙	乌兹别克斯坦
安提瓜和巴布达	冈比亚	老挝	萨尔瓦多	希腊
奥地利	刚果（布）	黎巴嫩	萨摩亚	新加坡
巴巴多斯	刚果（金）	立陶宛	塞尔维亚	新西兰

---

① 参见中国一带一路网"各国概况"页面（https://www.yidaiyilu.gov.cn/info/iList.jsp? cat_id=10037），最后访问于2024年5月9日。

巴布亚新几内亚	哥斯达黎加	利比里亚	塞拉利昂	匈牙利
巴基斯坦	格林纳达	利比亚	塞内加尔	叙利亚
巴勒斯坦	格鲁吉亚	卢森堡	塞浦路斯	牙买加
巴林	圭亚那	卢旺达	塞舌尔	亚美尼亚
巴拿马	哈萨克斯坦	罗马尼亚	沙特阿拉伯	也门
白俄罗斯	韩国	马达加斯加	斯里兰卡	伊拉克
保加利亚	黑山	马尔代夫	斯洛伐克	伊朗
北马其顿	基里巴斯	马耳他	斯洛文尼亚	以色列
贝宁	吉布提	马来西亚	苏丹	意大利
波黑	吉尔吉斯斯坦	马里	苏里南	印度尼西亚
波兰	几内亚	毛里塔尼亚	所罗门群岛	约旦
玻利维亚	几内亚比绍	蒙古国	索马里	越南
博茨瓦纳	加纳	孟加拉国	塔吉克斯坦	赞比亚
不丹	加蓬	秘鲁	泰国	乍得
布隆迪	柬埔寨	密克罗尼西亚联邦	坦桑尼亚	智利
赤道几内亚	捷克	缅甸	汤加	中非

第二节 共建“一带一路”经济体与非共建“一带一路” 经济体的EWI比较分析结果

一、基于EWI总得分的比较分析

按照上文介绍的方法，计算出的EWI总得分应在0～1之间。部分经济体2019年的EWI得分如图2-1所示。得分越低表明对劳动者的管制程度越松，得分越高表明对劳动者的管制程度越严。

根据表2-6，共建“一带一路”经济体的EWI平均得分（0.281）略微高于非共建“一带一路”经济体（0.259），但差异不大，说明共建“一带一路”经济体的雇佣管制程度较严。根据标准差结果，共建“一带一路”经济体的标准差（0.118）略小于非共建“一带一路”经济体（0.124），且小于总体样本的标准差（0.119），表明前者数据波动较小。

表2-6 　　　　　　　　　各组别经济体EWI得分统计

	平均数	标准差
共建“一带一路”经济体	0.281	0.118
非共建“一带一路”经济体	0.259	0.124
191个经济体	0.276	0.119

其中，在共建“一带一路”经济体中，得分最低的是文莱（0.046），得分最高的为委内瑞拉（0.654）。得分最高的三个经济体和得分最低的三个经济体见表2-7。在非共建“一带一路”经济体中，得分最低的是帕劳（0.046），得分最高的为圣马力诺（0.524）。

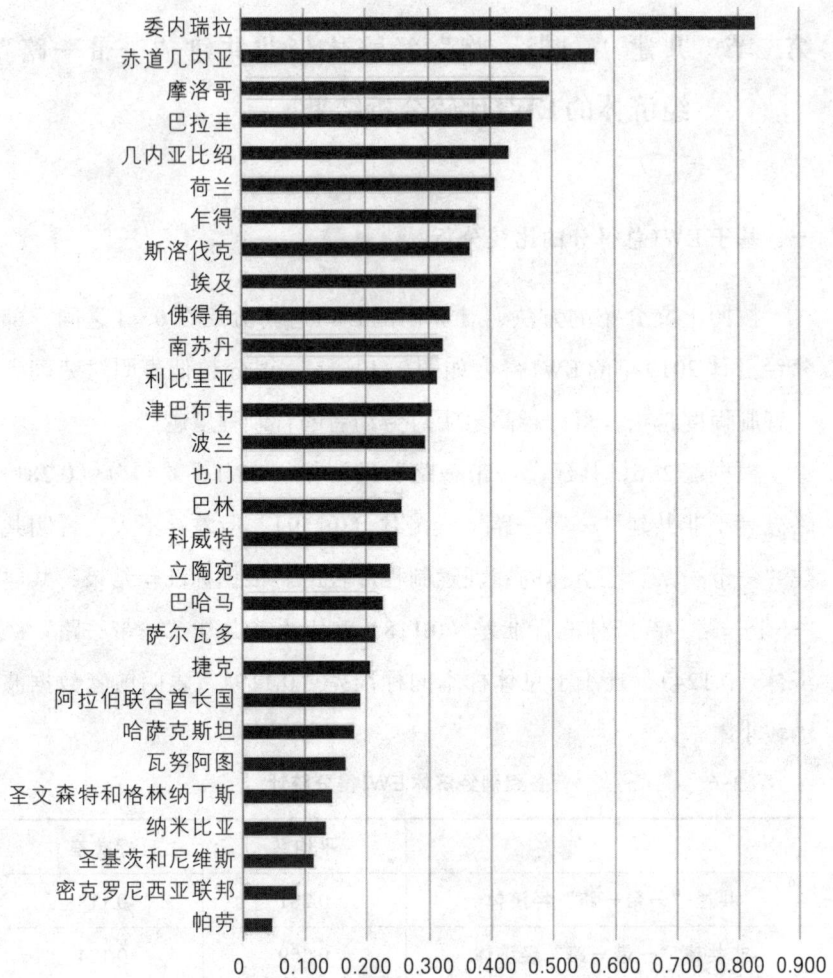

图2-1　部分经济体EWI总得分

表2-7　　　　　　　　EWI得分比较

经济体	雇用	工作时长	解雇政策	解雇成本	EWI总分
委内瑞拉	0.760	0.548	缺失	缺失	0.654
赤道几内亚	0.644	0.522	0.875	0.232	0.568

经济体	雇用	工作时长	解雇政策	解雇成本	EWI总分
刚果（布）	0.646	0.536	0.875	0.143	0.550
乌干达	0.083	0.121	0.000	0.106	0.078
萨摩亚	0.084	0.121	0.000	0.041	0.062
文莱	0.000	0.152	0.000	0.036	0.046

我们对经济体按 EWI 得分进行分组：分为"管制宽松组（0~0.2，含0.2）""管制较松组（0.2~0.4，含0.4）""管制较严组（0.4~0.6，含0.6）""管制严格组（0.6以上）"这4个小组，见表2-8。

表2-8　　　　　　按EWI得分相对值分组

组别	共建"一带一路"经济体	非"一带一路"经济体
管制宽松组（0~0.2，含0.2）	文莱、萨摩亚、乌干达、牙买加、中国香港、密克罗尼西亚联邦、新加坡、尼日利亚、格林纳达、索马里、厄立特里亚、不丹、特立尼达和多巴哥、蒙古国、新西兰、纳米比亚、缅甸、斐济、巴布亚新几内亚、所罗门群岛、莱索托、安提瓜和巴布达、多米尼克、马来西亚、瓦努阿图、卡塔尔、多米尼加、汤加、亚美尼亚、乌拉圭、哈萨克斯坦、吉尔吉斯斯坦、泰国、阿拉伯联合酋长国、卢旺达、以色列、匈牙利、布隆迪	帕劳、马绍尔群岛、海地、美国、圣基茨和尼维斯、爱尔兰、斯威士兰、圣文森特和格林纳丁斯、哥伦比亚、加拿大、马拉维、日本、比利时、英国、波多黎各、丹麦、澳大利亚

组别	共建"一带一路"经济体	非"一带一路"经济体
管制较松组（0.2～0.4，含0.4）	圭亚那、捷克、格鲁吉亚、保加利亚、博茨瓦纳、菲律宾、马尔代夫、沙特阿拉伯、萨尔瓦多、孟加拉国、北马其顿、肯尼亚、白俄罗斯、黑山、埃塞俄比亚、拉脱维亚、老挝、阿尔巴尼亚、立陶宛、冈比亚、阿塞拜疆、波黑、土耳其、科威特、哥斯达黎加、阿富汗、柬埔寨、塞舌尔、越南、巴林、巴巴多斯、加纳、贝宁、利比亚、罗马尼亚、也门、基里巴斯、东帝汶、厄瓜多尔、南非、叙利亚、毛里塔尼亚、波兰、尼泊尔、斯里兰卡、智利、津巴布韦、中国台湾、几内亚、乌兹别克斯坦、马耳他、塞尔维亚、利比里亚、中国大陆、约旦、苏里南、秘鲁、黎巴嫩、南苏丹、坦桑尼亚、斯洛文尼亚、科特迪瓦、克罗地亚、佛得角、乌克兰、苏丹、韩国、塞浦路斯、埃及、约旦河西岸和加沙地带（巴勒斯坦）、马里、科摩罗、赞比亚、奥地利、阿尔及利亚、斯洛伐克、莫桑比克、伊朗、巴基斯坦、多哥、希腊、乍得、爱沙尼亚、安哥拉、摩尔多瓦、吉布提、俄罗斯	瑞士、圣卢西亚、巴哈马、伯利兹、危地马拉、阿根廷、科索沃、列支敦士登、尼加拉瓜、毛里求斯、印度、挪威、布基纳法索、冰岛、西班牙、德国、巴西、墨西哥、芬兰

组别	共建"一带一路"经济体	非"一带一路"经济体
管制较严组（0.4～0.6，含0.6）	葡萄牙、突尼斯、伊拉克、意大利、塔吉克斯坦、几内亚比绍、马达加斯加、喀麦隆、尼日尔、印度尼西亚、加蓬、刚果（金）、阿曼、中非、塞内加尔、摩洛哥、卢森堡、玻利维亚、塞拉利昂、巴拿马、刚果（布）、赤道几内亚	荷兰、瑞典、巴拉圭、圣多美和普林西比、洪都拉斯、法国、圣马力诺
管制严格组（0.6以上）	委内瑞拉	

　　根据分组情况可以发现，148个共建"一带一路"经济体中，25.7%（38个）位于"管制宽松组"；大多数位于"管制较松组"，这部分经济体占共建"一带一路"经济体的58.8%（87个）；14.9%（22个）位于"管制较严组"；只有委内瑞拉得分大于0.6，说明相对而言该国的雇佣管制最严。总体而言，共建"一带一路"经济体的雇佣管制较为宽松。

二、基于EWI子维度的比较分析

　　EWI共包含4个维度，分别是雇用、工作时长、解雇政策和解雇成本。下面分别从不同维度对EWI得分情况进行分析。

　　1.雇用维度

　　部分经济体在雇用维度的得分如图2-2所示。

　　根据表2-9，共建"一带一路"经济体的雇用维度平均得分略低于非共建"一带一路"经济体，二者差别不大，共建"一带一路"经济体的雇用维度管制程度更宽松一些。根据标准差结果，共建"一带一路"经济体的标准差大于非共建"一带一路"经济体，表明前者内部的经济体之间差异更大一些。

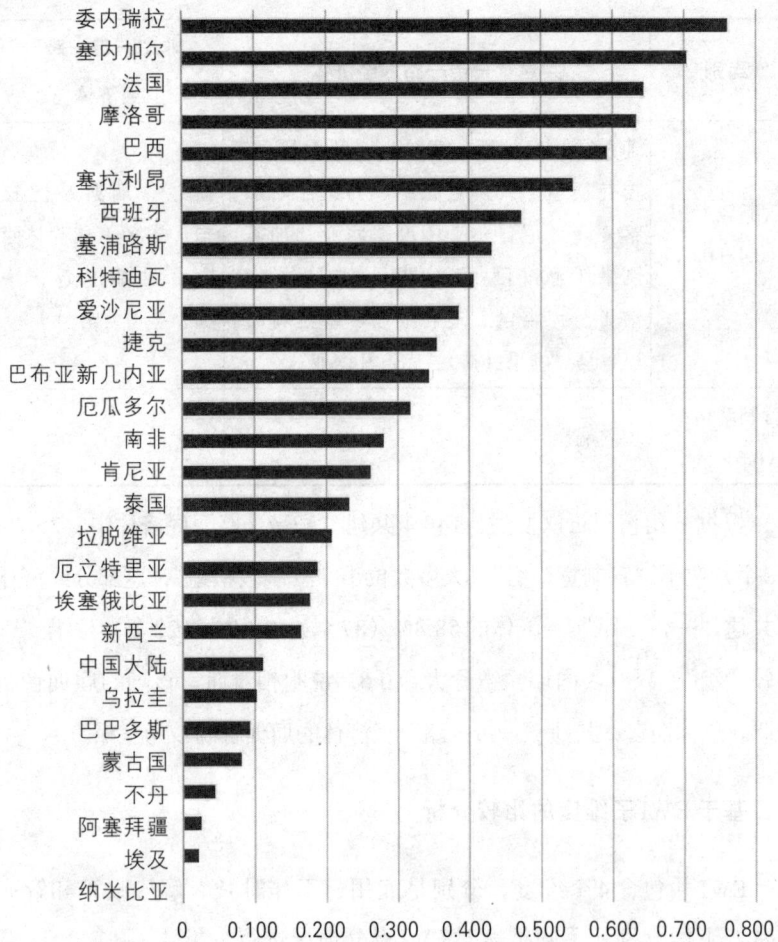

图2-2　部分经济体EWI雇用维度得分

表2-9　　　　　　　　各组别经济体雇用维度得分统计

	平均数	标准差
共建"一带一路"经济体	0.269	0.203
非共建"一带一路"经济体	0.290	0.166
191个经济体	0.273	0.195

共建"一带一路"经济体中，文莱、纳米比亚、新加坡、索马里、汤加这5个经济体得分最低（为0），因为这几个经济体在固定期限合同的使用上没有限制，说明其雇用维度的管制非常宽松；得分最高的为委内瑞拉（0.760），说明其雇用维度的管制很严格。非共建"一带一路"经济体中，得分最低的为丹麦（0.021），说明该国雇用维度的管制很宽松；得分最高的为洪都拉斯（0.702），说明该国雇用维度的管制很严格。

我们对经济体按雇用维度得分相对值进行分组：分为"管制宽松组（0~0.2，含0.2）""管制较松组（0.2~0.4，含0.4）""管制较严组（0.4~0.6，含0.6）""管制严格组（0.6~0.8，含0.8）"这4组，见表2-10。

表2-10 按雇用维度得分相对值分组

组别	共建"一带一路"经济体	非共建"一带一路"经济体
管制宽松组（0~0.2，含0.2）	纳米比亚、索马里、汤加、文莱、新加坡、加纳、尼日利亚、斯里兰卡、马来西亚、特立尼达和多巴哥、安哥拉、阿富汗、埃及、巴林、孟加拉国、博茨瓦纳、阿塞拜疆、哈萨克斯坦、科威特、白俄罗斯、卡塔尔、卢旺达、布隆迪、不丹、中国香港、所罗门群岛、基里巴斯、圭亚那、叙利亚、缅甸、蒙古国、冈比亚、乌干达、萨摩亚、牙买加、斐济、巴巴多斯、北马其顿、匈牙利、也门、立陶宛、乌拉圭、安提瓜和巴布达、沙特阿拉伯、阿曼、中国大陆、多米尼克、塞舌尔、贝宁、伊朗、奥地利、以色列、约旦、新西兰、菲律宾、埃塞俄比亚、厄立特里亚、南苏丹、吉尔吉斯斯坦、亚美尼亚、利比里亚、格林纳达、俄罗斯	丹麦、斯威士兰、巴哈马、圣基茨和尼维斯、帕劳、圣文森特和格林纳丁斯、加拿大、比利时、英国、哥伦比亚、波多黎各、印度、德国、海地、墨西哥、澳大利亚、尼加拉瓜、美国、瑞士

组别	共建"一带一路"经济体	非共建"一带一路"经济体
管制较松组 （0.2～0.4，含0.4）	津巴布韦、莱索托、拉脱维亚、阿拉伯联合酋长国、越南、尼泊尔、密克罗尼西亚联邦、泰国、摩尔多瓦、老挝、佛得角、塔吉克斯坦、乌兹别克斯坦、乌克兰、阿尔巴尼亚、秘鲁、多米尼加、土耳其、肯尼亚、坦桑尼亚、阿尔及利亚、苏丹、波黑、保加利亚、南非、克罗地亚、科摩罗、萨尔瓦多、马耳他、中国台湾、瓦努阿图、厄瓜多尔、喀麦隆、利比亚、突尼斯、柬埔寨、巴布亚新几内亚、罗马尼亚、马尔代夫、捷克、加蓬、格鲁吉亚、黑山、爱沙尼亚、几内亚、毛里塔尼亚、东帝汶	爱尔兰、马绍尔群岛、日本、科索沃、列支敦士登、伯利兹、阿根廷、芬兰、布基纳法索、圣卢西亚、马拉维、危地马拉、瑞典、挪威、荷兰、圣多美和普林西比
管制较严组 （0.4～0.6，含0.6）	科特迪瓦、苏里南、赞比亚、希腊、黎巴嫩、塞浦路斯、马里、斯洛伐克、波兰、乍得、葡萄牙、韩国、意大利、智利、几内亚比绍、多哥、莫桑比克、塞拉利昂、约旦河西岸和加沙地带（巴勒斯坦）、印度尼西亚、伊拉克、刚果（金）	巴拉圭、毛里求斯、西班牙、冰岛、巴西
管制严格组 （0.6～0.8，含0.8）	巴拿马、哥斯达黎加、塞尔维亚、尼日尔、摩洛哥、吉布提、斯洛文尼亚、巴基斯坦、赤道几内亚、玻利维亚、刚果（布）、中非、马达加斯加、塞内加尔、卢森堡、委内瑞拉	法国、圣马力诺、洪都拉斯

根据分组情况发现，148个共建"一带一路"经济体中，大多数位于"管制宽松组"，这部分经济体占共建"一带一路"经济体的

42.6%（63个）；31.8%（47个）位于"管制较松组"；14.9%（22个）位于"管制较严组"；10.8%（16个）位于"管制严格组"；只有委内瑞拉得分大于0.6，说明相对而言该国的雇佣管制最严。

总体而言，共建"一带一路"经济体在雇用这一维度的管制宽松。

2.工作时长维度

部分经济体在工作时长维度的得分如图2-3所示。

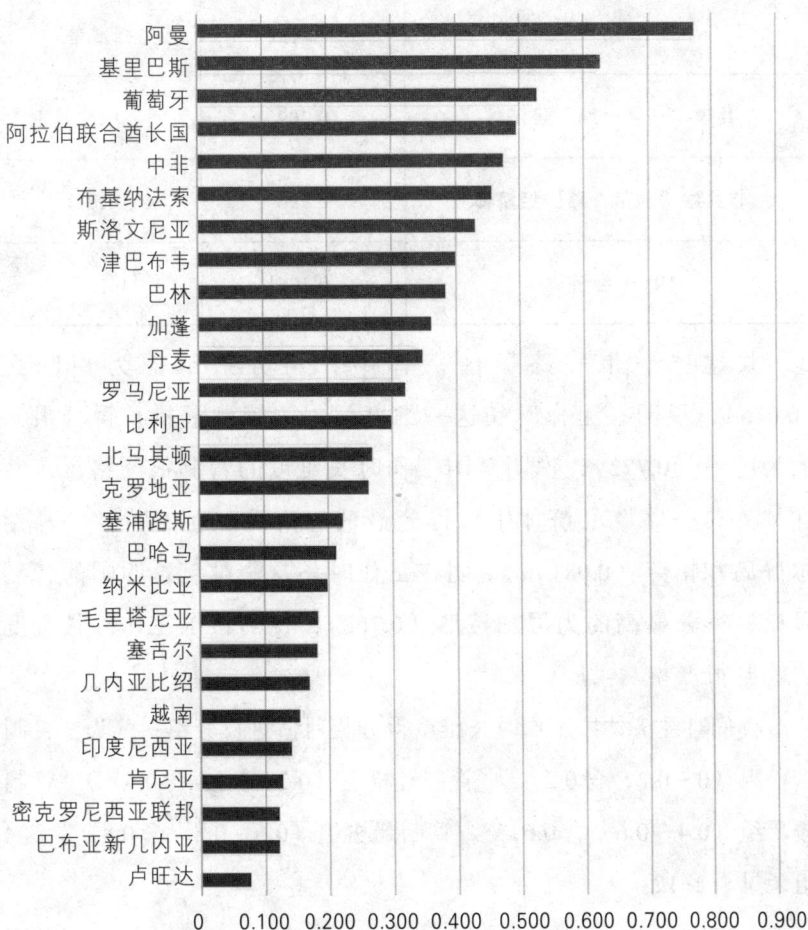

图2-3　部分经济体EWI工作时长维度得分

根据表2-11，共建"一带一路"经济体的工作时长维度平均得分略高于非共建"一带一路"经济体，二者差别不大，共建"一带一路"经济体的工作时长维度管制程度相对较严；根据标准差结果，共建"一带一路"经济体的标准差略小于非共建"一带一路"经济体和总体样本的标准差，不过差异较小。

表2-11　　　　　各组别经济体工作时长维度得分统计

	平均数	标准差
共建"一带一路"经济体	0.309	0.150
非共建"一带一路"经济体	0.296	0.162
191个经济体	0.306	0.152

　　共建"一带一路"经济体中，得分最低的为卢旺达（0.076），说明在工作时长这一维度该国的管制最松；得分最高的为阿曼（0.772），说明该国工作时长维度的管制很严格。非共建"一带一路"经济体中，得分最低的为爱尔兰、荷兰、马绍尔群岛和帕劳（0.081），说明在工作时长这一维度这四国的管制最松；得分最高的为尼加拉瓜（0.768），说明该国工作时长维度的管制很严格。

　　我们对经济体按工作时长维度得分相对值进行分组：分为"管制宽松组（0~0.2，含0.2）""管制较松组（0.2~0.4，含0.4）""管制较严组（0.4~0.6，含0.6）""管制严格组（0.6~0.8，含0.8）"这4组，见表2-12。

表 2-12　　　　　　　　　　　按工作时长得分相对值分组

组别	共建"一带一路"经济体	非共建"一带一路"经济体
管制宽松组（0~0.2，含0.2）	卢旺达、不丹、冈比亚、尼日利亚、新西兰、中国香港、捷克、安提瓜和巴布达、巴布亚新几内亚、格林纳达、密克罗尼西亚联邦、萨摩亚、泰国、乌干达、斐济、肯尼亚、菲律宾、所罗门群岛、瓦努阿图、波黑、牙买加、印度尼西亚、智利、尼泊尔、文莱、柬埔寨、越南、黑山、孟加拉国、突尼斯、中国台湾、几内亚比绍、加纳、博茨瓦纳、多米尼克、马来西亚、塞舌尔、苏里南、特立尼达和多巴哥、新加坡、汤加、毛里塔尼亚、埃塞俄比亚、厄立特里亚、摩洛哥、塞尔维亚、坦桑尼亚、纳米比亚、埃及、秘鲁	爱尔兰、荷兰、马绍尔群岛、帕劳、海地、马拉维、美国、圣基茨和尼维斯、圣文森特和格林纳丁斯、斯威士兰、波多黎各、毛里求斯、圣卢西亚、哥伦比亚
管制较松组（0.2~0.4，含0.4）	中国大陆、哈萨克斯坦、韩国、斯里兰卡、亚美尼亚、拉脱维亚、塞浦路斯、老挝、刚果（金）、吉尔吉斯斯坦、布隆迪、黎巴嫩、白俄罗斯、多米尼加、阿尔巴尼亚、克罗地亚、莱索托、索马里、土耳其、北马其顿、哥斯达黎加、乌兹别克斯坦、南非、波兰、东帝汶、南苏丹、苏丹、保加利亚、缅甸、约旦、罗马尼亚、以色列、立陶宛、阿富汗、蒙古国、乌拉圭、玻利维亚、格鲁吉亚、叙利亚、加蓬、马里、贝宁、塞拉利昂、塔吉克斯坦、多哥、喀麦隆、巴林、意大利、厄瓜多尔、圭亚那、利比里亚、利比亚、约旦河西岸和加沙地带（巴勒斯坦）、津巴布韦	澳大利亚、巴哈马、加拿大、挪威、日本、伯利兹、科索沃、墨西哥、阿根廷、洪都拉斯、比利时、丹麦、瑞士、德国、英国、西班牙

组别	共建"一带一路"经济体	非共建"一带一路"经济体
管制较严组 （0.4～0.6，含0.6）	尼日尔、马尔代夫、科特迪瓦、巴基斯坦、摩尔多瓦、沙特阿拉伯、伊拉克、乌克兰、斯洛文尼亚、马达加斯加、匈牙利、萨尔瓦多、阿塞拜疆、伊朗、希腊、乍得、巴巴多斯、马耳他、赞比亚、卡塔尔、佛得角、也门、吉布提、中非、斯洛伐克、莫桑比克、阿尔及利亚、几内亚、阿拉伯联合酋长国、科摩罗、卢森堡、赤道几内亚、葡萄牙、刚果（布）、委内瑞拉、俄罗斯、塞内加尔、科威特	圣马力诺、危地马拉、印度、列支敦士登、瑞典、布基纳法索、芬兰、冰岛、巴拉圭、巴西、圣多美和普林西比、法国
管制严格组 （0.6～0.8，含0.8）	爱沙尼亚、安哥拉、奥地利、巴拿马、基里巴斯、阿曼	尼加拉瓜

根据分组情况发现，148个共建"一带一路"经济体中，33.8%（50个）位于"管制宽松组"；大多数位于"管制较松组"，这部分经济体占共建"一带一路"经济体的36.7%（54个）；25.7%（38个）位于"管制较严组"；4.1%（6个）位于"管制严格组"。

总体而言，共建"一带一路"经济体在工作时长这一维度的管制较松。

3.解雇政策维度

部分经济体在解雇政策维度的得分如图2-4所示。

根据表2-13，共建"一带一路"经济体的解雇政策维度平均得分略高于非共建"一带一路"经济体，说明共建"一带一路"经济体在解雇政策维度的管制较严；根据标准差结果，共建"一带一路"经济体的标准差小于非共建"一带一路"经济体，且小于总体样本的标准差，表明前者数据波动较小。

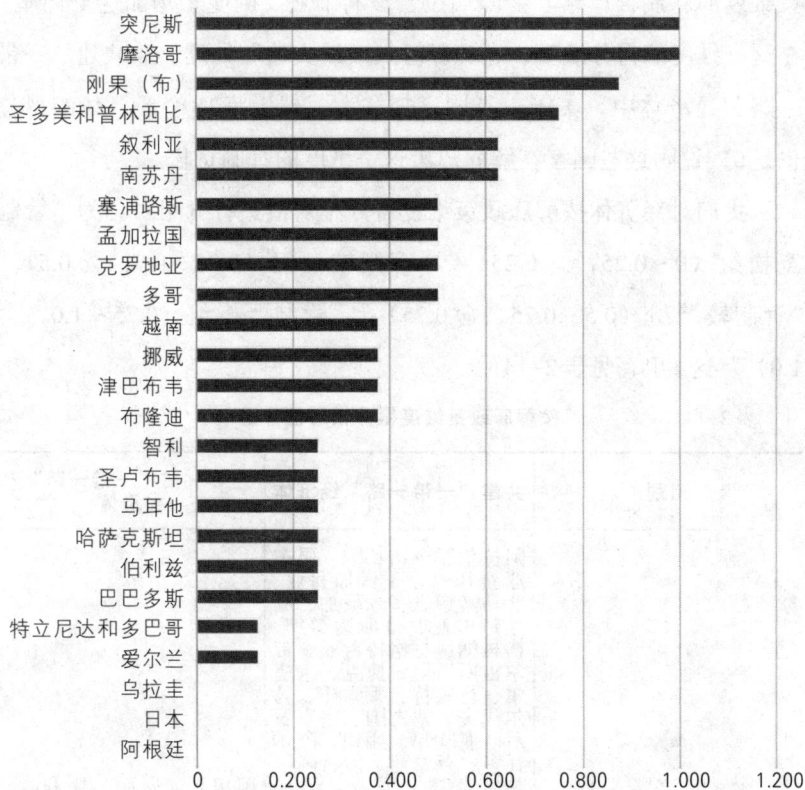

图 2-4　部分经济体 CWI 解雇政策维度得分

表2-13　　　　　　各组别经济体解雇政策维度得分统计

	平均数	标准差
共建"一带一路"经济体	0.347	0.265
非共建"一带一路"经济体	0.259	0.288
191个经济体	0.327	0.272

共建"一带一路"经济体中,得分最低的经济体包括缅甸、蒙古国、捷克等31个,分数为0,说明这些国家在解雇政策这一维度的管制宽松;得分最高的为摩洛哥、突尼斯,得分为1,说明其在解雇政

策维度的管制很严格。委内瑞拉、玻利维亚、阿曼、汤加这4个国家在这一维度的得分缺失，在计算时按"缺失值"处理。非共建"一带一路"经济体中，美国、英国、加拿大、瑞士等18个经济体的得分也是0，说明这些国家在解雇政策这一维度的管制宽松。

我们对经济体按解雇政策维度得分相对值进行分组：分为"管制宽松组（0~0.25，含0.25）""管制较松组（0.25~0.5，含0.5）""管制较严组（0.5~0.75，含0.75）""管制严格组（0.75~1.0，含1.0）"这4组，见表2-14。

表2-14 按解雇政策维度得分相对值分组

组别	共建"一带一路"经济体	非共建"一带一路"经济体
管制宽松组 （0~0.25，含0.25）	阿拉伯联合酋长国、巴布亚新几内亚、保加利亚、北马其顿、多米尼加、厄立特里亚、哥斯达黎加、格林纳达、格鲁吉亚、吉尔吉斯斯坦、捷克、卡塔尔、科威特、莱索托、马尔代夫、蒙古国、密克罗尼西亚联邦、缅甸、萨尔瓦多、萨摩亚、沙特阿拉伯、斯洛文尼亚、索马里、泰国、瓦努阿图、文莱、乌干达、乌拉圭、匈牙利、牙买加、以色列、中国香港、阿尔巴尼亚、波兰、多米尼克、黑山、马来西亚、特立尼达和多巴哥、土耳其、新加坡、新西兰、亚美尼亚、爱沙尼亚、安提瓜和巴布达、巴巴多斯、巴基斯坦、白俄罗斯、不丹、东帝汶、厄瓜多尔、斐济、冈比亚、圭亚那、哈萨克斯坦、几内亚、拉脱维亚、老挝、立陶宛、利比亚、罗马尼亚、马耳他、莫桑比克、纳米比亚、尼日利亚、塞尔维亚、所罗门群岛、约旦河西岸和加沙地带（巴勒斯坦）、赞比亚、智利	阿根廷、巴西、比利时、冰岛、丹麦、哥伦比亚、海地、加拿大、列支敦士登、马拉维、马绍尔群岛、美国、尼加拉瓜、帕劳、日本、瑞士、危地马拉、英国、爱尔兰、澳大利亚、圣基茨和尼维斯、波多黎各、伯利兹、圣卢西亚、圣文森特和格林纳丁斯、斯威士兰、西班牙

组别	共建"一带一路"经济体	非共建"一带一路"经济体
管制较松组 (0.25～0.5，含0.5)	阿塞拜疆、埃塞俄比亚、巴林、波黑、布隆迪、菲律宾、佛得角、韩国、基里巴斯、吉布提、柬埔寨、津巴布韦、科特迪瓦、肯尼亚、卢森堡、卢旺达、南非、葡萄牙、斯洛伐克、乌克兰、乌兹别克斯坦、希腊、也门、越南、阿尔及利亚、阿富汗、奥地利、贝宁、博茨瓦纳、多哥、俄罗斯、科摩罗、克罗地亚、黎巴嫩、利比里亚、马达加斯加、马里、毛里塔尼亚、孟加拉国、摩尔多瓦、尼泊尔、塞内加尔、塞浦路斯、乍得、中国台湾	巴哈马、布基纳法索、科索沃、毛里求斯、挪威、德国、法国、芬兰、瑞典、印度
管制较严组 (0.5～0.75，含0.75)	加纳、南苏丹、尼日尔、塞拉利昂、塞舌尔、斯里兰卡、苏丹、苏里南、叙利亚、伊拉克、伊朗、意大利、中非、中国大陆、埃及、安哥拉、巴拿马、秘鲁、坦桑尼亚、印度尼西亚、约旦	巴拉圭、洪都拉斯、圣多美和普林西比
管制严格组 (0.75～1.0，含1.0)	赤道几内亚、刚果（布）、刚果（金）、几内亚比绍、加蓬、喀麦隆、塔吉克斯坦、摩洛哥、突尼斯	荷兰、墨西哥、圣马力诺

根据分组情况发现，144个共建"一带一路"经济体（因委内瑞拉、玻利维亚、阿曼、汤加解雇政策维度得分缺失，故未包含这4个国家）中，大多数位于"管制宽松组"，这部分经济体占共建"一带一路"经济体的48.0%（69个）；31.3%（45个）位于"管制较松组"；14.6%（21个）位于"管制较严组"；6.3%（9个）位于"管制严格组"。

总体而言，共建"一带一路"经济体在解雇政策这一维度的管制宽松。

4.解雇成本维度

部分经济体在解雇成本维度的得分如图2-5所示。

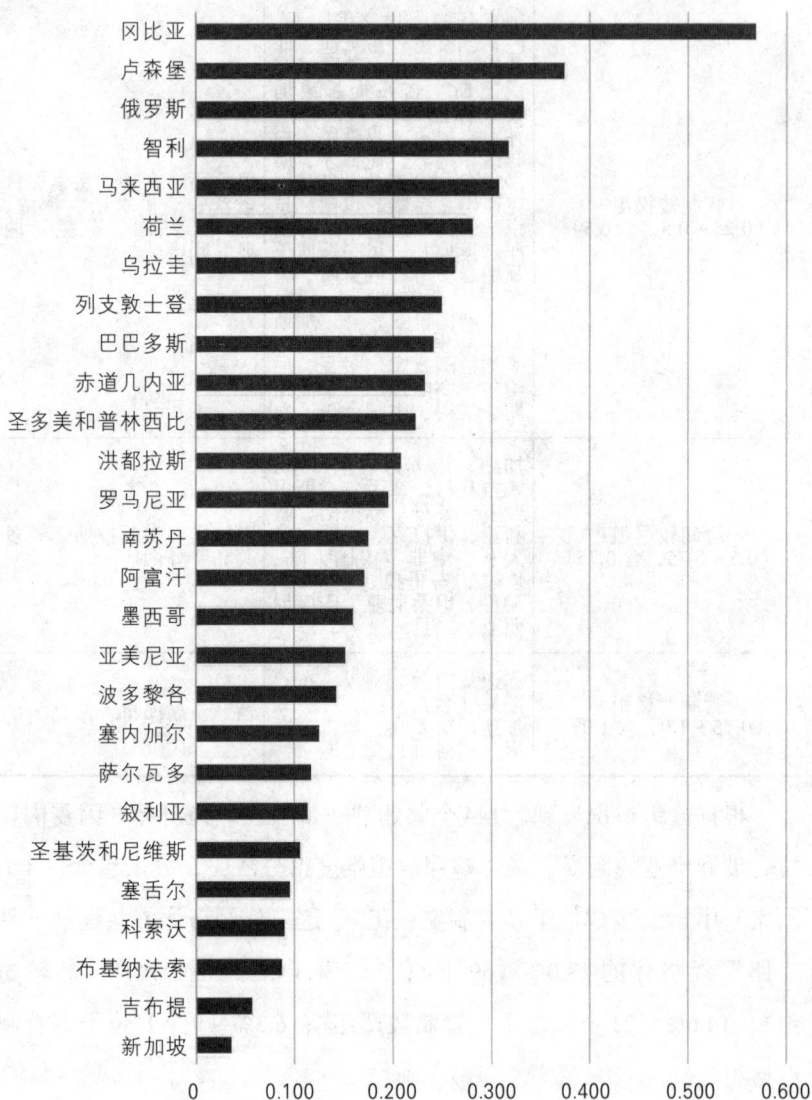

图2-5　部分经济体EWI解雇成本维度得分

根据表2-15，共建"一带一路"经济体的解雇成本维度平均得分高于非共建"一带一路"经济体，说明共建"一带一路"经济体在解雇成本维度的管制程度相对较严；根据标准差结果，共建"一带一路"经济体的标准差大于非共建"一带一路"经济体的标准差，且大于总体样本的标准差，表明前者数据波动较大。

表2-15　　　　　各组别经济体解雇成本维度得分统计

	平均数	标准差
共建"一带一路"经济体	0.191	0.100
非共建"一带一路"经济体	0.190	0.091
191个经济体	0.191	0.098

共建"一带一路"经济体中，得分最低的是密克罗尼西亚联邦（0），说明该国在解雇成本这一维度的管制宽松；得分最高的为冈比亚（0.569），说明该国在解雇成本维度的管制很严格。因为委内瑞拉、玻利维亚、阿曼、汤加这4个国家在这一维度的得分缺失，在计算时按"缺失值"处理。非共建"一带一路"经济体中，马绍尔群岛和帕劳的得分最低（0），说明在解雇成本这一维度这两个国家的管制宽松；丹麦的得分最高（0.379），说明在解雇成本这一维度该国的管制严格。

我们对经济体按解雇成本维度得分相对值进行分组：分为"管制宽松组（0～0.2，含0.2）""管制较松组（0.2～0.4，含0.4）""管制较严组（0.4～0.6，含0.6）""管制严格组（0.6以上）"这4组，见表2-16。

表2-16   按解雇成本得分相对值分组

组别	共建"一带一路"经济体	非共建"一带一路"经济体
管制宽松组 (0~0.2,含0.2)	密克罗尼西亚联邦、文莱、新加坡、尼日利亚、萨摩亚、基里巴斯、苏里南、伊拉克、阿拉伯联合酋长国、吉布提、约旦、秘鲁、坦桑尼亚、斐济、纳米比亚、几内亚、毛里塔尼亚、巴布亚新几内亚、圭亚那、马尔代夫、牙买加、巴拿马、贝宁、格鲁吉亚、蒙古国、塞舌尔、厄立特里亚、多哥、不丹、黎巴嫩、乌干达、安提瓜和巴布达、科特迪瓦、莱索托、所罗门群岛、叙利亚、中非、乍得、肯尼亚、格林纳达、萨尔瓦多、博茨瓦纳、马达加斯加、马里、尼日尔、刚果(金)、塞内加尔、利比亚、科摩罗、哥斯达黎加、阿塞拜疆、布隆迪、新西兰、刚果(布)、卢旺达、苏丹、亚美尼亚、安哥拉、柬埔寨、特立尼达和多巴哥、摩洛哥、突尼斯、缅甸、多米尼克、多米尼加、几内亚比绍、利比里亚、奥地利、埃塞俄比亚、阿富汗、阿尔及利亚、卡塔尔、巴基斯坦、索马里、也门、菲律宾、南苏丹、约旦河西岸和加沙地带(巴勒斯坦)、东帝汶、斯洛伐克、塞尔维亚、喀麦隆、孟加拉国、罗马尼亚、厄瓜多尔、意大利	马绍尔群岛、帕劳、布基纳法索、尼加拉瓜、伯利兹、科索沃、爱尔兰、圣文森特和格林纳丁斯、圣卢西亚、圣基茨和尼维斯、斯威士兰、印度、马拉维、海地、危地马拉、波多黎各、美国、圣马力诺、墨西哥、日本

组别	共建"一带一路"经济体	非共建"一带一路"经济体
管制较松组（0.2~0.4，含0.4）	波黑、加蓬、中国香港、莫桑比克、塞浦路斯、南非、老挝、塔吉克斯坦、瓦努阿图、马耳他、赤道几内亚、黑山、斯洛文尼亚、保加利亚、哈萨克斯坦、巴巴多斯、津巴布韦、希腊、巴林、佛得角、中国台湾、匈牙利、拉脱维亚、伊朗、乌拉圭、北马其顿、克罗地亚、立陶宛、加纳、越南、爱沙尼亚、葡萄牙、赞比亚、乌克兰、马来西亚、阿尔巴尼亚、吉尔吉斯斯坦、尼泊尔、韩国、智利、中国大陆、以色列、波兰、沙特阿拉伯、印度尼西亚、俄罗斯、乌兹别克斯坦、斯里兰卡、土耳其、捷克、白俄罗斯、卢森堡、摩尔多瓦、科威特	洪都拉斯、巴拉圭、英国、毛里求斯、圣多美和普林西比、巴哈马、加拿大、哥伦比亚、比利时、澳大利亚、西班牙、列支敦士登、挪威、法国、芬兰、巴西、瑞士、荷兰、冰岛、瑞典、德国、阿根廷、丹麦
管制较严组（0.4~0.6，含0.6）	泰国、埃及、塞拉利昂、冈比亚	
管制严格组（0.6以上）	（无）	

　　根据分组情况发现，144 个共建"一带一路"经济体（因委内瑞拉、玻利维亚、阿曼、汤加的解雇政策维度得分缺失，故未包含这 4 个国家）中，大多数位于"管制宽松组"，这部分经济体占共建"一带一路"经济体的 59.7%（86 个）；37.5%（54 个）位于"管制较松组"；2.8%（4 个）位于"管制较严组"；无经济体位于"管制严格

组"。总体而言，共建"一带一路"经济体在解雇成本这一维度的管制宽松。

按照以上的分析结果，通过对EWI总分以及不同维度得分的比较，可以发现大部分共建"一带一路"经济体在劳动与雇佣管制方面的管制较为宽松。

第三节　共建"一带一路"经济体的EWI变化状况分析结果

针对EWI的跨年度变化情况，本书基于148个共建"一带一路"经济体的数据进行分析。在2015年至2019年期间，按照经济体的EWI变化特征，我们可以将148个共建"一带一路"经济体分成4种类型。同一经济体在不同年份的EWI若只有降低则为下降型，若只有增加则为上升型，若分别有增加和降低则为波动型，若均没有变化则为稳定型。

我们将计算得到的数据保留三位小数，据此来比较经济体的波动情况。这可能会遇到波动幅度非常小的情况，例如"某年较上一年上升幅度为0.001"。出现这种情况的原因可能有二：第一，该经济体在相应维度上确有政策法规的改变，使得分数发生变化；第二，可能是在数据收集过程中一些调查导致的问题带来的随机误差，使得数据波动，例如调查对象对同一问题的感知不同、数据收集过程中出现失误等，这也是调查的局限性之一。

经过统计，148个共建"一带一路"经济体中，上升型有39个，下降型有31个，波动型有38个，稳定型有40个。将这些共建"一带一路"经济体按动态性分组，见表2-17。

表 2-17　　　　　　　　　　　　　　　　　动态性分组

动态性	经济体
上升型	巴林、巴巴多斯、白俄罗斯、保加利亚、乍得、智利、中国大陆、吉布提、厄瓜多尔、萨尔瓦多、爱沙尼亚、加蓬、圭亚那、中国香港、伊朗、伊拉克、以色列、约旦、韩国、利比里亚、立陶宛、马达加斯加、马来西亚、马尔代夫、尼日尔、巴拿马、波兰、葡萄牙、罗马尼亚、卢旺达、塞舌尔、新加坡、斯洛伐克、斯里兰卡、东帝汶、阿拉伯联合酋长国、委内瑞拉、瓦努阿图、塔吉克斯坦
下降型	阿富汗、阿尔及利亚、安哥拉、亚美尼亚、阿塞拜疆、贝宁、佛得角、科摩罗、刚果（布）、科特迪瓦、克罗地亚、塞浦路斯、斐济、加纳、格林纳达、几内亚、约旦河西岸和加沙地带（巴勒斯坦）、哈萨克斯坦、老挝、马里、马耳他、尼泊尔、尼日利亚、菲律宾、俄罗斯、沙特阿拉伯、塞拉利昂、索马里、南苏丹、苏丹、津巴布韦
波动型	阿尔巴尼亚、奥地利、玻利维亚、波斯尼亚和黑塞哥维那、刚果（金）、哥斯达黎加、捷克、赤道几内亚、希腊、匈牙利、意大利、肯尼亚、基里巴斯、拉脱维亚、利比亚、卢森堡、毛里塔尼亚、密克罗尼西亚联邦、摩尔多瓦、蒙古国、黑山、摩洛哥、缅甸、新西兰、北马其顿、阿曼、巴布亚新几内亚、秘鲁、塞内加尔、斯洛文尼亚、苏里南、叙利亚、中国台湾、土耳其、乌克兰、乌拉圭、也门、赞比亚
稳定型	安提瓜和巴布达、孟加拉国、文莱、不丹、布隆迪、博茨瓦纳、中非、厄立特里亚、柬埔寨、喀麦隆、几内亚比绍、多米尼克、多米尼加、埃及、埃塞俄比亚、冈比亚、格鲁吉亚、印度尼西亚、牙买加、科威特、吉尔吉斯斯坦、黎巴嫩、莱索托、莫桑比克、纳米比亚、巴基斯坦、卡塔尔、萨摩亚、塞尔维亚、所罗门群岛、南非、坦桑尼亚、泰国、多哥、汤加、特立尼达和多巴哥、突尼斯、乌干达、乌兹别克斯坦、越南

一、上升型

计算148个共建"一带一路"经济体2019年与2015年EWI得分的差距，可以得到，上升幅度最大的前三个经济体分别是伊拉克、塔吉克斯坦、波兰，其得分提升分别为0.206、0.110、0.084，说明这些经济体的劳动与雇佣管制趋向严格；上升幅度最小的三个经济体分别是中国大陆、巴巴多斯、斯里兰卡，得分提升均为0.001，说明这些经济体劳动与雇佣管制趋向严格的速度较其他上升型国家相对缓慢。

1.中国大陆

中国大陆的EWI总得分2015—2018年基本平稳，2019年较2015年有微小上升幅度（见表2-18、图2-6），说明中国大陆在劳动与雇佣管制方面的严格程度略有提高。从EWI各维度来看，"雇用"维度得分在2016年、2019年略有提高；"工作时长"维度得分这5年保持稳定；"解雇政策"维度得分这5年保持稳定；"解雇成本"维度得分这5年保持稳定。总体来说，中国大陆在2015—2019年这5年间，只是"雇用"子维度的得分有微小上升幅度，而总分的上升并不明显。因此，从这个意义上来说，将中国大陆归为稳定型也是合适的。

表2-18　　　　　　　　中国大陆的EWI得分变化情况

年份	2015	2016	2017	2018	2019	2019年较2015年上升的幅度
EWI总得分	0.313	0.314	0.314	0.314	0.314	0.001
雇用	0.109	0.110	0.110	0.110	0.111	0.002
工作时长	0.202	0.202	0.202	0.202	0.202	0
解雇政策	0.625	0.625	0.625	0.625	0.625	0
解雇成本	0.317	0.317	0.317	0.317	0.317	0

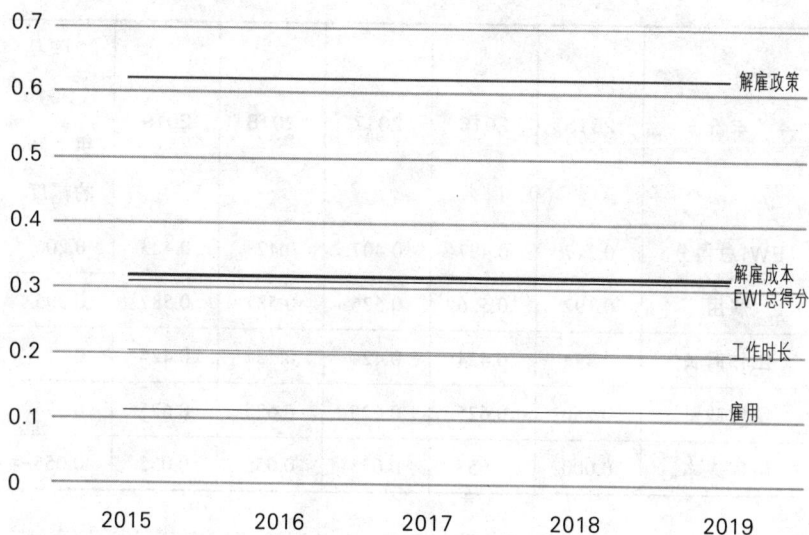

图2-6　中国大陆的EWI得分变化情况

2.伊拉克

从 EWI 总得分来看，伊拉克 2016—2019 年的得分基本平稳，2019 年较 2015 年有一定上升幅度（见表2-19、图2-7），在所有上升型经济体 2019 年较 2015 年的上升幅度中，伊拉克的最大，说明该国在劳动与雇佣管制方面趋向严格。从 EWI 各维度来看，"雇用"维度得分在 2016 年、2018 年分别有所提升，且 2016 年提升幅度较大；"工作时长"维度得分这5年保持稳定；"解雇政策"维度得分在 2016 年有所提升，且 2016—2019 年这4年都稳定在 0.625 的得分水平上；"解雇成本"维度得分 2016—2019 年这4年保持稳定。总体来说，伊拉克在 2015—2019 年这5年间，3个子维度得分都有一定上升幅度，使得总分呈现上升的趋势，说明其劳动与雇佣管制趋向严格。

表 2-19　　　　　　　　　　　伊拉克的 EWI 得分变化情况

年份	2015	2016	2017	2018	2019	2019年较2015年上升的幅度
EWI总得分	0.217	0.407	0.407	0.423	0.423	0.206
雇用	0.192	0.526	0.526	0.587	0.587	0.395
工作时长	0.424	0.424	0.424	0.424	0.424	0
解雇政策	0.250	0.625	0.625	0.625	0.625	0.375
解雇成本	0.000	0.055	0.055	0.055	0.055	0.055

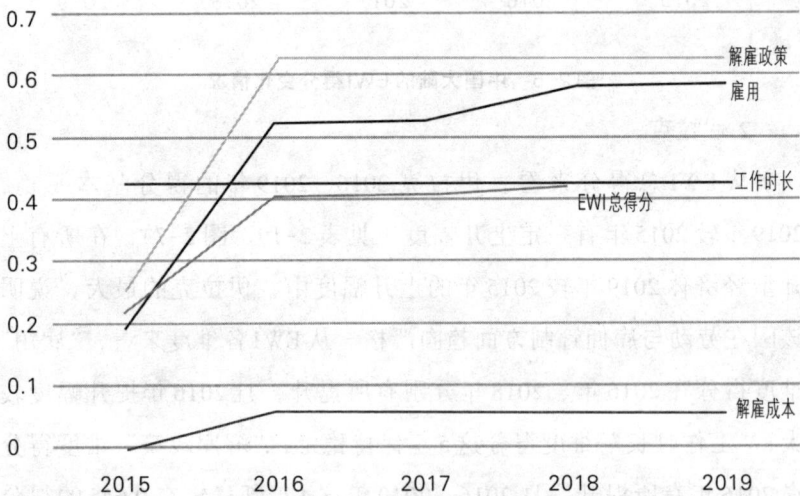

图 2-7　伊拉克的 EWI 得分变化情况

3. 波兰

从 EWI 总得分来看，波兰 2016—2018 年的得分比较平稳，2019年较 2015 年有一定上升幅度（见表 2-20 和图 2-8），说明波兰在劳动与雇佣管制方面趋向严格。从 EWI 各维度来看，"雇用"维度的得分波动较大，在2016年有较大提升幅度，在2018年略微下降，而2019年又有增长，2016—2019年这4年波兰在雇用这方面的管制基本平稳；"工作时长"维度得分这5年保持稳定；"解雇政策"维度得分这5年保持稳定；"解雇成本"维度得分这5年保持稳定。总体来说，波兰在2015—2019年这5年间，在"雇用"子维度的得分有一定上升幅度，使得总分呈现上升的趋势，劳动与雇佣管制趋向严格。

表2-20 波兰的EWI得分变化情况

年份	2015	2016	2017	2018	2019	2019年较2015年上升的幅度
EWI总得分	0.210	0.293	0.293	0.293	0.294	0.084
雇用	0.099	0.432	0.432	0.431	0.434	0.335
工作时长	0.295	0.295	0.295	0.295	0.295	0
解雇政策	0.125	0.125	0.125	0.125	0.125	0
解雇成本	0.322	0.322	0.322	0.322	0.322	0

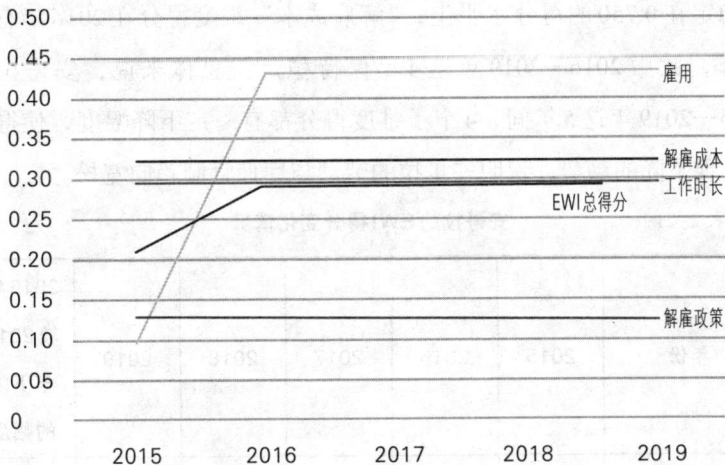

图2-8 波兰的EWI得分变化情况

二、下降型

计算 148 个共建"一带一路"经济体 2019 年与 2015 年 EWI 得分的差距，可以得到，下降幅度最大的前 3 个经济体分别是安哥拉、佛得角、尼泊尔，分别为 0.182、0.116、0.110，说明这些经济体的劳动与雇佣管制趋向宽松；下降幅度最小的 3 个经济体分别是菲律宾、阿尔及利亚、刚果（布），下降幅度都是 0.001，说明这些经济体的劳动与雇佣管制趋向宽松的速度较其他下降型国家相对缓慢。

1.安哥拉

安哥拉的 EWI 总得分在 2016—2019 年间的变化不大，2019 年较 2015 年有一定下降幅度（见表 2-21 和图 2-9），说明安哥拉在劳动与雇佣管制方面趋向宽松。从 EWI 各维度来看，"雇用"维度得分在 2016 年、2019 年都有一定下降，且 2016 年下降幅度较大；"工作时长"维度得分这 5 年基本保持平稳，其中 2016 年的下降幅度非常小；"解雇政策"维度得分在 2016 年有所下降，此后 2016—2019 年这 4 年都稳定在 0.750 的得分水平上；"解雇成本"维度得分在 2016 年有所下降，此后 2016—2019 年这 4 年保持稳定。总体来说，安哥拉在 2015—2019 年这 5 年间，4 个子维度得分都有一定下降幅度，使得总分呈现下降的趋势，说明安哥拉的劳动与雇佣管制趋向宽松。

表 2-21　　　　　　　安哥拉的 EWI 得分变化情况

年份	2015	2016	2017	2018	2019	2019 年较 2015 年下降的幅度
EWI 总得分	0.564	0.397	0.396	0.382	0.382	0.182

年份	2015	2016	2017	2018	2019	2019年较2015年下降的幅度
雇用	0.585	0.078	0.075	0.019	0.019	0.566
工作时长	0.609	0.608	0.608	0.608	0.608	0.001
解雇政策	0.875	0.750	0.750	0.750	0.750	0.125
解雇成本	0.186	0.152	0.152	0.152	0.152	0.034

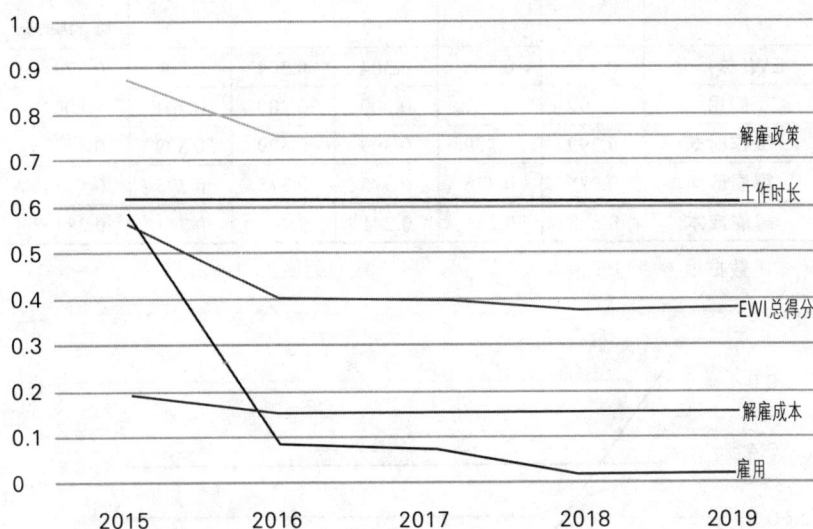

图 2-9　安哥拉的 EWI 得分变化情况

2.津巴布韦

从 EWI 总得分来看，津巴布韦在 2016 年较 2015 年得分有所下降，并在 2016—2019 年保持平稳（见表 2-22 和图 2-10），说明该国在劳动与雇佣管制方面自 2016 年开始趋向宽松，此后 4 年保持平稳。

从EWI各维度来看，"雇用"维度得分在2016年、2019年分别有微小提升；"工作时长"维度得分这5年保持稳定；"解雇政策"维度得分这5年保持稳定；"解雇成本"维度得分在2016年有一定下降，2016—2019年保持稳定。总体来说，津巴布韦在2015—2019年这5年间，"解雇成本"维度得分有一定下降幅度，且下降幅度大于"雇用"维度的上升幅度，使得总分呈现下降的趋势，说明其劳动与雇佣管制趋向宽松。

表2-22 津巴布韦的EWI得分变化情况

年份	2015	2016	2017	2018	2019	2019年较2015年下降的幅度
EWI总得分	0.374	0.304	0.304	0.304	0.304	0.070
雇用	0.198	0.201	0.200	0.200	0.201	−0.002*
工作时长	0.399	0.399	0.399	0.399	0.399	0
解雇政策	0.375	0.375	0.375	0.375	0.375	0
解雇成本	0.525	0.241	0.241	0.241	0.241	0.284

*数据误差缘自四舍五入。

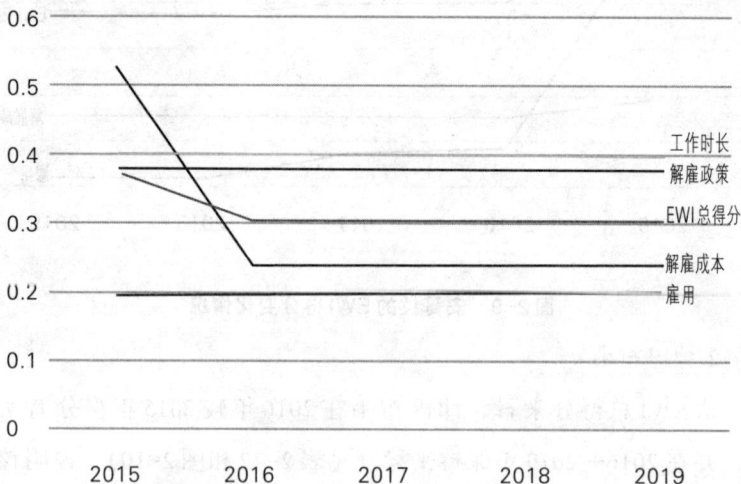

图2-10 津巴布韦的EWI得分变化情况

3.尼日利亚

从 EWI 总得分来看，尼日利亚 2016 年的得分有所下降，2016—2019 年得分保持平稳（见表 2-23 和图 2-11），说明该国在劳动与雇佣管制方面自 2016 年开始趋向宽松，此后 4 年保持平稳。从 EWI 各维度来看，"雇用"维度的得分在 2016 年、2018 年分别有一定下降幅度，且 2016 年下降幅度较大；"工作时长"维度得分这5 年保持稳定；"解雇政策"维度得分这 5 年保持稳定；"解雇成本"维度得分这 5 年保持稳定。总体来说，尼日利亚在 2015—2019年这 5 年间，"雇用"维度的得分有一定下降幅度，使得总分呈现下降的趋势，说明其劳动与雇佣管制自 2016 年趋向宽松，此后 4年保持稳定。

表 2-23　　　　　　　　　尼日利亚的 EWI 得分变化情况

年份	2015	2016	2017	2018	2019	2019 年较 2015 年下降的幅度
EWI 总得分	0.103	0.093	0.093	0.093	0.093	0.010
雇用	0.043	0.004	0.004	0.003	0.003	0.040
工作时长	0.081	0.081	0.081	0.081	0.081	0
解雇政策	0.250	0.250	0.250	0.250	0.250	0
解雇成本	0.038	0.038	0.038	0.038	0.038	0

三、波动型

在148个共建"一带一路"经济体中，波动型经济体的EWI总得分在不同年份有一定上升和下降。

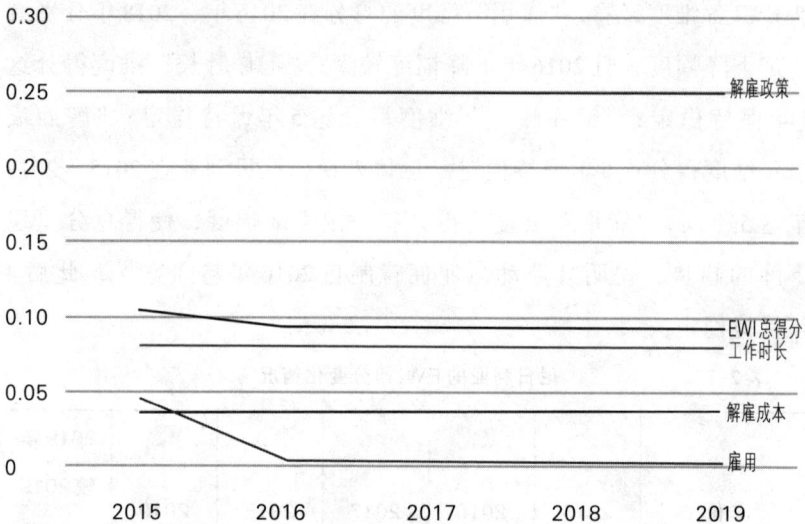

图2-11　尼日利亚的EWI得分变化情况

1.捷克

捷克的EWI总得分在2015—2019年有一定波动，2019年较2015年有一定上升幅度，得分在2016年略微下降，2017年又有所上升（见表2-24和图2-12），说明捷克在劳动与雇佣管制方面总体趋向严格。从EWI各维度来看，"雇用"维度的得分有一定波动，在2016年下降，2017年、2019年上升，说明捷克后4年在雇用这方面的管制程度趋向严格；"工作时长"维度得分这5年保持稳定；"解雇政策"维度得分这5年保持稳定；"解雇成本"维度得分这5年保持稳定。总体来说，在2015—2019年这5年间由于各维度得分有不同的波动情况，因此捷克的EWI得分也呈现波动状态，但总体上劳动与雇佣管制趋向严格。

表 2-24 捷克的 EWI 得分变化情况

年份	2015	2016	2017	2018	2019	2019年较2015年上升的幅度
EWI总得分	0.162	0.148	0.162	0.162	0.205	0.043
雇用	0.182	0.127	0.183	0.184	0.355	0.173
工作时长	0.118	0.118	0.118	0.118	0.118	0
解雇政策	0	0	0	0	0	0
解雇成本	0.347	0.347	0.347	0.347	0.347	0

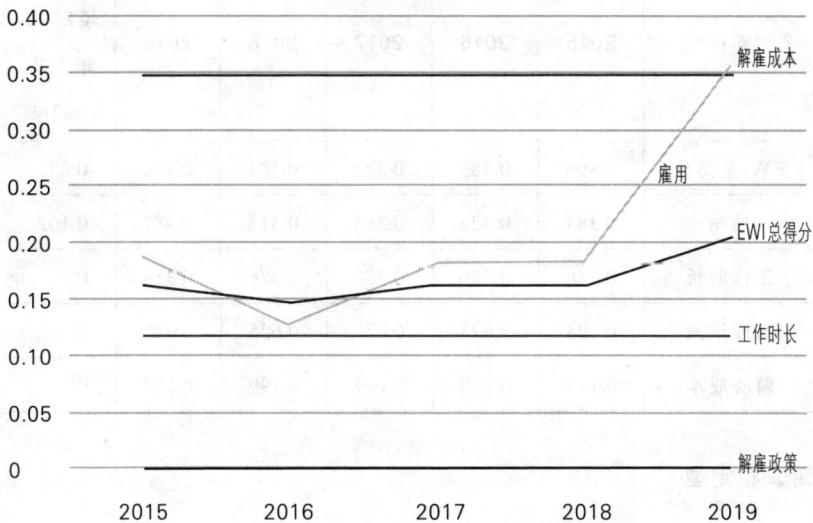

图 2-12 捷克的 EWI 得分变化情况

2.意大利

从 EWI 总得分来看，意大利在 2016 年下降幅度较大，2016—2018 年的得分基本平稳，2019 年又有一定上升，且分数高于 2015

年，上升幅度大于之前的下降幅度（见表2-25和图2-13），说明意大利在劳动与雇佣管制方面有从宽松到严格的变化。从EWI各维度来看，"雇用"维度波动较大，2015—2018年这4年逐年下降，其中在2016年下降幅度较大，而2019年又有所上升，上升幅度大于之前的下降幅度；"工作时长"维度得分这5年保持稳定；"解雇政策"维度得分这5年保持稳定；"解雇成本"维度得分这5年保持稳定。总体来说，在2015—2019年这5年间由于"雇用"维度波动较大，因此意大利的EWI得分也呈现波动状态，其劳动与雇佣管制总体上有从宽松到严格的变化。

表2-25　　　　　　意大利的EWI得分变化情况

年份	2015	2016	2017	2018	2019	2019年较2015年上升的幅度
EWI总得分	0.399	0.383	0.382	0.381	0.424	0.025
雇用	0.385	0.323	0.318	0.315	0.487	0.102
工作时长	0.386	0.386	0.386	0.386	0.386	0
解雇政策	0.625	0.625	0.625	0.625	0.625	0
解雇成本	0.199	0.199	0.199	0.199	0.199	0

四、稳定型

在148个共建"一带一路"经济体中，稳定型经济体的EWI总得分在不同年份均保持稳定。

以巴基斯坦为例。从EWI总得分来看，巴基斯坦2015—2019年得分保持平稳（见表2-26和图2-14），说明巴基斯坦在劳动与雇佣管

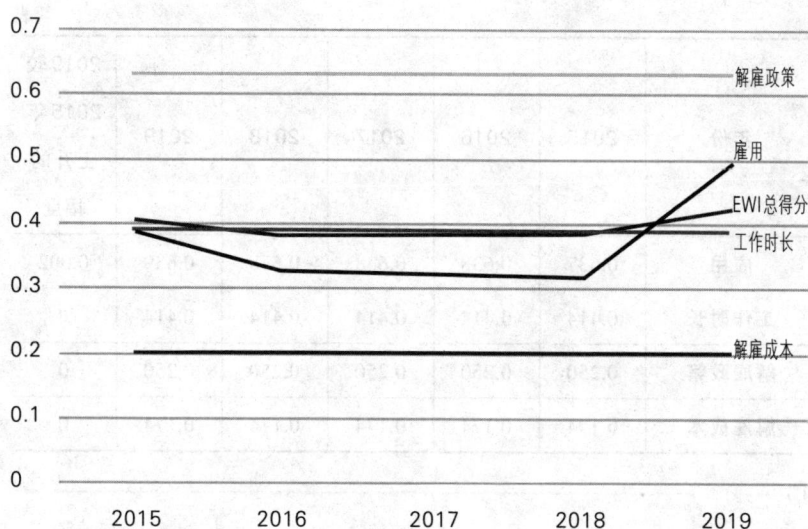

图2-13 意大利的EWI得分变化情况

制方面总体稳定。从EWI各维度来看，"雇用"维度有微小波动，得分在2016年、2019年都略微上升，说明2015—2019年这5年在"雇用"维度巴基斯坦的管制程度在平稳中趋向严格；"工作时长"维度得分这5年保持稳定；"解雇政策"维度得分这5年保持稳定；"解雇成本"维度得分这5年保持稳定。总体来说，在2015—2019年这5年间由于3个维度保持稳定，"雇用"维度的变化非常微小，因此巴基斯坦的EWI得分也呈现稳定状态。

表2-26　　　　巴基斯坦的EWI得分变化情况

年份	2015	2016	2017	2018	2019	2019较2015年上升的幅度
EWI总得分	0.369	0.369	0.369	0.369	0.369	0

年份	2015	2016	2017	2018	2019	2019较2015年上升的幅度
雇用	0.637	0.638	0.638	0.638	0.639	0.002
工作时长	0.414	0.414	0.414	0.414	0.414	0
解雇政策	0.250	0.250	0.250	0.250	0.250	0
解雇成本	0.174	0.174	0.174	0.174	0.174	0

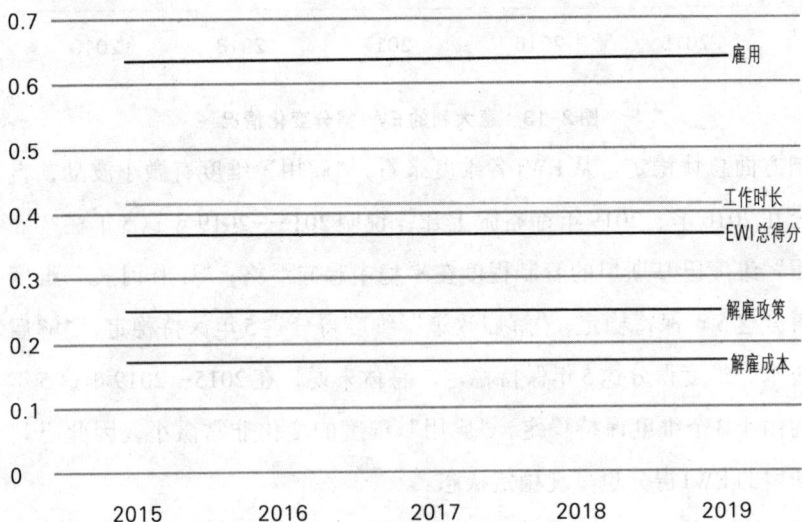

图2-14 巴基斯坦的EWI得分变化情况

总体来说，上升型经济体在EWI得分上的提升多是因为"雇用"维度和"解雇政策"维度的得分上升，大多数经济体在"工作时长"维度、"解雇成本"维度基本没有变化；下降型经济体在EWI得分上的下降多是因为"雇用"维度和"解雇政策"维度的得分下降，大多数经济体在"工作时长"维度基本没有变化，"解雇成本"维度基本比较稳定；波动型经济体在 EWI 得分上的波动多是因为"雇用"维度得分的波动，大多数经济体在"工作时长"维度变化幅度很小，在"解雇成本"和"解雇政策"维度基本没有变化；这说明各经济体在劳动与雇佣管制方面的改革和提升，多体现于"雇用"维度，在着力规范和严格这个维度的管制。

第三章

共建"一带一路"国家雇佣保护管制研究：基于 OECD雇佣保护法指数的分析

本章基于经济合作与发展组织的雇佣保护法指数相关数据，对部分共建"一带一路"国家的雇佣保护管制进行研究，呈现这些国家的雇佣保护管制程度与变化状况，并开展与非共建"一带一路"国家雇佣保护管制的比较研究。

第一节　经济合作与发展组织的雇佣保护法指数

一、雇佣保护法指数的测量方法

雇佣保护法（Employment Protection Legislation，EPL）指数由经济合作与发展组织开发，通过测量解雇个人或集体所涉及的程序和费用来衡量一个国家（或地区）的劳动立法保护严格程度。它根据经合组织秘书处对成文法、集体谈判协议和判例法的解读以及经合组织成员方官员的意见和专家的咨询意见编制而成。[①②]自1994年创立以来，EPL指数经历了不断发展和完善的过程。[③]1999年，EPL指数在1994年原有的"正规雇佣管制"和"临时雇佣管制"两个维度基础上，新增了"集体解雇管制"维度，还增加了"临时雇佣管制"维度的测量内容，同时，采取加权平均法计算总指数。2008年，EPL指数在指标方面又进行了调整：在原有18个测量条目基础上增加3个条目，其中"正规雇佣管制"维度增加1个条目，"临时雇佣管制"维度增加2个条目。[④]目前，普遍使用的为2008年设计的第三版本。

最新的EPL指标体系分为3个维度：（1）个体解雇管制；（2）临

---

① 参见 OECD 官网相关数据（http://www.oecd.org/employment/emp/oecdindicatorsofemploymentprotection.htm），最后访问于 2021 年 8 月 9 日。
② 参见 OECD 官网 OECD Indicators of Employment Protection（http://www.oecd.org/employment/emp/oecdindicatorsofemploymentprotection.htm），最后访问于 2021 年 8 月 9 日。
③ 代懋. 雇佣规制测量：西方实践与启示［J］. 人口与经济，2014（02）：57-66.
④ 参见 OECD 官网文件 Calculating Summary Indicators of EPL Strictness（Methodology. Paris：OECDhttp://www.oecd.org/els/emp/EPL-Methodology.pdf），最后访问于 2021 年 8 月 9 日。

时雇佣管制；（3）集体解雇管制。具体测量方法详见附录、表3-1与表3-2。这一指标体系共计21个条目。其中，"个体解雇管制"维度包括条目1~9，用以测量无过错但因个人原因或经济原因被解雇的正式（永久）员工的正规合同管制程度。标准固定期限合同（Standard Fixed-term Contract）被定义为有精确指定结束日期的通用标准雇佣合同。"临时雇佣管制"维度包括条目10~17，测量影响标准固定期限合同和临时工作机构雇佣规则的临时合同管制程度。临时工作中介（Temporary Work Agency，TWA）合同被定义为雇主（代理机构）在其业务或专业实践框架内，将雇员交由第三方（用户公司）处置，以便根据用户企业与代理机构之间的服务提供协议，在该用户公司的监督和指导下执行工作。"集体解雇管制"维度包括条目18~21，适用于集体解雇的管制测量。在EPL指标体系中，每个指标条目都有相应的赋值规则。比如，条目1"告知程序"，如果国家A的雇主只需口头声明即可解雇个体员工，则国家A在条目1的得分为0；根据条目2，如果国家A的雇主提前通知解雇个体员工的期限为7天（多于2天但少于10天），则国家A在条目2上的得分为1分。

按照相应的规则计算出每一指标条目的得分后，即可结合相应的指标权重来计算综合指标。目前，OECD的EPL包含了正规合同雇佣保护（EPRC）严格程度和临时合同雇佣保护（EPT）严格程度两个子指数，其中，正规合同雇佣保护（EPRC）还包括两个次一级的指数：个体解雇管制严格程度和集体解雇管制严格程度。

表3-1至表3-2分别列出了正规合同雇佣保护（EPRC）严格程度、临时合同雇佣保护（EPT）严格程度指数计算的权重分配。比如，国家A在个体解雇管制（EPR）严格程度维度，即条目1~9的得分分别为1，1，（1，1，1），（2，2，2），2，2，2，2，3，则国家A在个体解雇管制严格程度指数上的第三层级得分分别为：

- 程序烦琐性：

（1/2×1+1/2×1）×1/3=0.33

- 对无过错个体员工解雇的提前通知期限和遣散费：

（1/7×1+1/7×1+1/7×1+4/21×2+4/21×2+4/21×2）×1/3=0.52

- 解雇的难度：

（1/5×2+1/5×2+1/5×2+1/5×2+1/5×3）×1/3=0.73

因此，第二层级个体解雇管制严格程度EPR的得分即

0.33+0.52+0.73=1.58

表3-1　EPL-个体和集体解雇（正规合同），综合指标权重[①]

第一层级 分值0~6	第二层级 分值0~6	第三层级 分值0~6	第四层级 分值0~6		权重
个体和集体解雇-正规合同就业保护（EPRC）	个体解雇管制严格程度（EPR）（5/7）	程序繁琐性（1/3）	1.通知程序		（1/2）
			2.通知前的延期		（1/2）
		对无过错个体员工解雇的提前通知期限和遣散费（1/3）	3.提前通知期限	9个月	（1/7）
				4年	（1/7）
				20年	（1/7）
			4.遣散费额度	9个月	（4/21）
				4年	（4/21）
				20年	（4/21）
		解雇的难度（1/3）	5.非公平解雇的定义		（1/5）
			6.试用期长度		（1/5）
			7.经济赔偿		（1/5）
			8.复职		（1/5）
			9.可索赔最长期限		（1/5）
	集体解雇管制严格程度（EPC）（2/7）		18.集体解雇的定义		（1/4）
			19.额外告示要求		（1/4）
			20.额外延期要求		（1/4）
			21.雇主的其他特殊成本		（1/4）

注：括号内数字表示权重。

---

① 参见OECD官网文件Calculating Summary Indicators of EPL Strictness Methodology（http://www.oecd.org/els/emp/EPL-Methodology.pdf），最后访问于2021年8月9日。

表 3-2　　　　　　　　EPL-临时合同，综合指标权重①

第一、二层级 分值 0 ~ 6	第三层级 分值 0 ~ 6	第四层级 分值 0 ~ 6	权重
临时雇佣合同保护（临时雇佣管制严格程度，EPT）	固定期限合同 （EPFTC） （1/2）	10.使用固定期限合同的最高次数	(1/2)
		11.续签固定期限合同的最高次数	(1/4)
		12.固定期限合同可累计的最长期限	(1/4)
	临时工作中介代理 （EPTWA） （1/2）	13.合法工作类型	(1/3)
		14.对新进临时员工人数的限制	(1/6)
		15.可累计的最长时间	(1/6)
		16.授权和报告	(1/6)
		17.平等待遇	(1/6)

注：括号内数字表示权重。

表 3-3 列出了雇佣保护法（EPL）指数计算的权重分配，根据表 3-1、表 3-2 算出个体解雇管制（EPR）、集体解雇管制（EPC）、临时雇佣管制（EPT）三个维度指数后，根据表 3-3 的权重即可算出最终 EPL 指数。比如，根据附录、表 3-1、表 3-2 最终得出 EPR、EPC、EPT 三个维度得分分别为 2，4，2，则 EPL 得分为 2.33（= 2×5/12 + 4×2/12 + 2×5/12）。

最终计算出的 EPL 指数得分范围为从 0 到 6。得分越高，代表一个国家/地区在就业保护方面的管制越严格。

---

① 参见 OECD 官网文件 Calculating Summary Indicators of EPL Strictness Methodology（http://www.oecd.org/els/emp/EPL-Methodology.pdf），最后访问于 2021 年 8 月 9 日。

表 3-3　　　　　　　　　　　EPL-综合指标权重①

第一层级	第二层级
雇佣保护法指数（EPL）	个体解雇管制严格程度（EPR）（5/12）
	临时雇佣管制严格程度（EPT）（5/12）
	集体解雇管制严格程度（EPC）（2/12）

注：括号内数字表示权重。

　　基于以上描述，可以发现，相比较于本书第二章所涉的世界银行 EWI，OECD 的 EPL 指数在所含的维度与具体指标方面有所不同。比如，EPL 指数并未纳入 EWI 数据所含的"工作时长"维度，而在 EPL 数据中则凸显了"集体解雇管制"维度。此外，具体指标与权重赋值也有所差异。还有，相关数据的收集方法也不一致。EWI 的样本主要来自各国第一大城市的当地律师、政府官员等，而 EPL 指数基于经合组织秘书处的解读和各国官员的意见、专家的咨询意见。因此，同一国家的 EPL 指数数值与 EWI 数值并不相同，有时还可能出现较大差异。从这个角度看，虽然 EPL 所涉的国家数量相对较少，基于 EPL 指数的分析可以作为第二章 EWI 分析的一个重要补充。

二、本书的 EPL 指数数据

　　据 OECD 官网公布的 EPL 数据②，目前 EPL 指数数据库包括 38 个经合组织国家及 34 个非经合组织国家 1985—2019 年的数据（部分国家只包含这个时间段内某一区间的数据）。EPL 指数具有较强的适用性和科学性，由于 EPL 指数是对法律条款的量化测量，与其他测量指

---

　　① VENN D. Legislation, Collective Bargaining and Enforcement: Updating the OECD Employment Protection Indicators [Z]. OECD Social Employment & Migration Working Papers, No. 89, 2009.
　　② 参见 OECD 官网公布的数据（http://www.oecd.org/els/emp/EPL-data-LAC.XLSX），最后访问于 2021 年 8 月 9 日。

标相比更客观。[①]且与其他测量指标相比，OECD 的 EPL 指数在学术研究中得到了广泛应用，[②]其研究对象从 OECD 国家延伸到了其他转型经济体和发展中国家（地区），包括针对拉丁美洲、俄罗斯和苏联（1992 年之前）、独联体、波罗的海地区以及中国台湾地区进行就业保护法研究。[③]此外，程延园和杨柳（2012）根据 EPL 指数分析了 20 世纪 80 年代末至 2008 年金融危机后各国就业保护法规严格性的变迁路径。[④]最近几年中，Gebel 和 Giesecke（2016）应用 EPL 指数研究就业保护改革对欧洲青年失业的影响以及欧洲的临时雇佣危机，[⑤]胡辉华和周丽华（2016）应用 EPL 指数构建了中国社会组织内部治理管制力度指数，并应用该指数来测量 1988—2014 年中国社会组织内部治理管制，[⑥]Bassanini 和 Cingano（2018）应用 EPL 指数对解雇成本的改革对劳动力市场的短期影响进行分析。[⑦]

　　基于数据的可获得性，本书聚焦于 OECD 发布的 2019 年 EPL 数据。根据 OECD 官网公布的 EPL 数据[⑧]，2019 年公布 EPL 指数的共有 42 个国家，其中包括 21 个共建"一带一路"国家（为与中国签订

　　① 代懋．雇佣规制测量：西方实践与启示 [J]．人口与经济，2014（02）：57-66.
　　② 杨伟国，代懋．中国就业管制的变迁与测量——基于 1978—2011 年国家层面数据 [J]．中国人民大学学报，2012（01）：78-87.
　　③ [1] HECKMAN J，PAGES C. Law and Employment：Lessons from Latin America and the Caribbean [M]．Chicago：The University of Chicago Press，2004. [2] GIMPELSON V，KAPELYUSHNIKOV R，LUKYANOVA A. Employment Protection Legislation in Russia：Regional Enforcement and Labor Market Outcomes [J]．Comparative Economic Studies，2010，52：611-636. [3] MURAVYEV A. Evolution of Employment Protection Legislation in the USSR，CIS and Baltic States，1985-2009 [Z]．IZA Discussion Papers，2010. [4] KAMHON K，YEN-LING L. The Effects of Employment Protection Legislation on Labor Turnover：Empirical Evidence from Taiwan [J]．Economic Inquiry，2011，49（2）：398-433.
　　④ 程延园，杨柳．就业保护法规严格性指标及其运用的跨国比较 [J]．中国人力资源开，2012（06）：86-93.
　　⑤ GEBEL M，GIESECKE J. Does Deregulation Help？ The Impact of Employment Protection Reforms on Youths' Unemployment and Temporary Employment Risks in Europe [J]．European Sociological Review，2016，32（4）：486-500.
　　⑥ 胡辉华，周丽华．中国社会组织内部治理管制的变迁——基于社会组织内部治理管制指数的测量 [J]．广州大学学报（社会科学版），2016（11）：44-49.
　　⑦ BASSANINI A，CINGANO F. Before It Gets Better：The Short-Term Employment Costs of Regulatory Reforms [J]．Industrial and Labor Relations Review，2018（1）：127-157.
　　⑧ 参见 OECD 官网公布的数据（http://www.oecd.org/els/emp/EPL-data-LAC.XLSX），最后访问于 2021 年 8 月 9 日。

"一带一路"合作协议的国家，根据中国一带一路网提供的名单确认①)，分别是土耳其、卢森堡、意大利、斯洛伐克、希腊、乌拉圭、秘鲁、葡萄牙、捷克、拉脱维亚、爱沙尼亚、波兰、韩国、奥地利、斯洛文尼亚、立陶宛、智利、以色列、匈牙利、哥斯达黎加、新西兰。本书的分析面向EPL指数2019年数据中所含的全部42个国家，以促进共建"一带一路"国家和非共建"一带一路"国家的比较。另外，在进行EPL指数变化程度的分析时，本书聚焦在共建"一带一路"国家2015—2019年的EPL指数数据。

第二节　共建"一带一路"国家和非共建"一带一路"国家的 EPL指数比较分析结果

EPL指数数据分析的结果主要分为基于EPL指数总得分的分析和基于EPL指数各子项得分的分析两部分。

一、基于EPL指数总得分的分析

图3-1展示了OECD官网公布的2019年42个国家EPL指数及3个子项得分的结果。EPL为衡量各个国家（或地区）的劳动立法保护严格程度的指数，得分为0~6分，得分越高代表对劳动立法保护越严格。图中，三个分段从左到右分别代表各个国家对个体解雇管制、对集体解雇管制及对临时雇佣管制的严格程度得分（3个子项得分均为加权之后得分）。

①　参见中国一带一路网各国概况（https://www.yidaiyilu.gov.cn/info/iList.jsp? cat_id= 10037&cur_page=1），最后访问于2024年5月9日。

美国 0.21 0.35 0.14
加拿大 0.24 0.52 0.12
新西兰 0.66 0.39
英国 0.58 0.35 0.23
哥斯达黎加 0.28 1.23
澳大利亚 0.65 0.48 0.43
巴拉圭 0.65 0.23 0.69
爱尔兰 0.55 0.58 0.50
日本 0.66 0.54 0.57
瑞士 0.58 0.60 0.63
丹麦 0.60 0.48 0.82
冰岛 0.78 0.48 0.64
芬兰 0.98 0.27 0.73
匈牙利 0.62 0.60 0.83
以色列 1.09 0.31 0.66
智利 1.07 0.00 1.01
立陶宛 0.83 0.48 0.80
瑞典 1.03 0.50 0.69
斯洛文尼亚 0.80 0.60 0.89
奥地利 0.86 0.54 0.90
韩国 0.96 0.31 1.06
波兰 0.94 0.48 0.92
哥伦比亚 0.75 0.67 0.94
德国 1.02 0.60 0.80
爱沙尼亚 0.73 0.48 1.27
墨西哥 0.85 0.73 0.95
拉脱维亚 1.18 0.63 0.75
捷克 1.34 0.35 0.89
葡萄牙 1.25 0.31 1.02
秘鲁 0.72 0.67 1.20
西班牙 0.81 0.50 1.29
挪威 0.93 0.42 1.27
乌拉圭 0.47 0.35 1.79
荷兰 1.52 0.53 0.62
比利时 0.95 0.81 0.90
希腊 0.98 0.48 1.22
斯洛伐克 1.00 0.56 1.16
阿根廷 0.90 0.67 1.27
法国 1.15 0.52 1.30
意大利 1.02 0.50 1.51
卢森堡 0.90 0.65 1.60
土耳其 1.16 0.44 1.88

0   0.5   1.0   1.5   2.0   2.5   3.0   3.5

■个体解雇管制（加权） ▨集体解雇管制（加权） □临时解雇管制（加权）

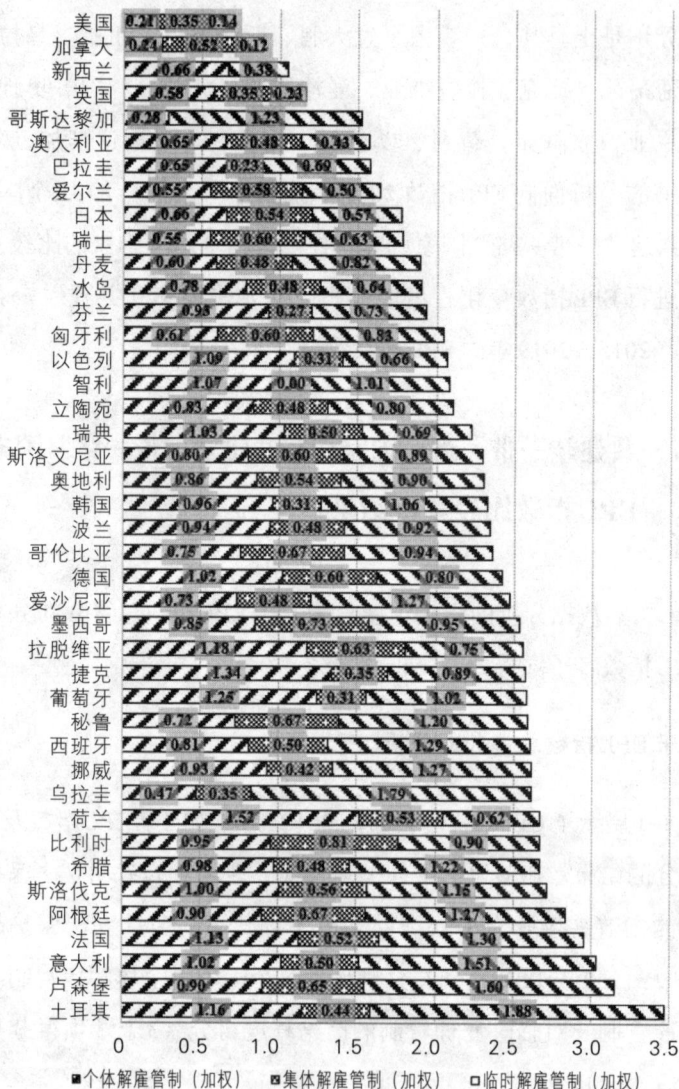

图 3-1　2019 年 42 个国家 EPL 指数及 3 个子项得分

　　这 42 个国家中，美国 EPL 得分最低，为 0.70，即美国对雇佣管制立法的严格程度最低。土耳其得分最高，为 3.47，即土耳其对雇佣管制立法的严格程度最高。没有国家的EPL指数超过4分。从平均得分来看，共建"一带一路"国家对劳动雇佣立法的管制程度比非共建"一带一路"国家更严格一些。详见表3-4。

表3-4 各组别国家EPL得分统计

国家	平均分	标准差
42个国家	2.22	0.61
21个共建"一带一路"国家	2.41	0.53
21个非共建"一带一路"国家	2.03	0.64

表3-5报告了按照EPL得分的相对值对这42个国家进行分类的分布情况，分别为管制宽松组（0~1分，含1分），管制较松组（1~2分，含2分），管制较严组（2~3分，含3分），管制严格组（3~4分，含4分），管制超严组（4~6分，含6分）。

表3-5 按EPL得分的相对值分组

组别	国家
管制宽松组（0~1分，含1分）	美国、加拿大
管制较松组（1~2分，含2分）	新西兰*、英国、哥斯达黎加*、澳大利亚、巴拉圭、爱尔兰、日本、瑞士、丹麦、冰岛、芬兰
管制较严组（2~3分，含3分）	匈牙利*、以色列*、智利*、立陶宛*、瑞典、斯洛文尼亚*、奥地利*、韩国*、波兰*、哥伦比亚、德国、爱沙尼亚*、墨西哥、拉脱维亚*、捷克*、葡萄牙*、秘鲁*、西班牙、挪威、乌拉圭*、荷兰、比利时、希腊*、斯洛伐克*、阿根廷、法国
管制严格组（3~4分，含4分）	意大利*、卢森堡*、土耳其*
管制超严组（4~6分，含6分）	（无）

注：表格中带*的国家为共建"一带一路"国家。其中，意大利于2023年12月初单方面宣布退出共建"一带一路"倡议，由于本书开展研究时意大利仍为共建"一带一路"国家，故予以保留。

根据表3-5的分组结果，可以发现共建"一带一路"国家在雇佣管制立法严格程度方面的差异：

（1）美国和加拿大雇佣管制立法最为宽松，属于"管制宽松组"。

（2）共建"一带一路"国家中，新西兰和哥斯达黎加两国的雇佣管制立法相对宽松，属于"管制较松组"。

（3）21个共建"一带一路"国家中的大部分属于"管制较严组"，包括匈牙利、以色列、智利、立陶宛、斯洛文尼亚、奥地利、韩国、波兰、爱沙尼亚、拉脱维亚、捷克、葡萄牙、秘鲁、乌拉圭、希腊、斯洛伐克在内的16个国家的得分都在2到3分之间，雇佣保护管制立法较为严格。

（4）意大利、卢森堡、土耳其这三个共建"一带一路"国家的雇佣管制立法达到严格的程度。

二、基于EPL指数各子项得分的分析

1.个体解雇管制维度

图3-2展示了这42个国家EPL指数中的个体解雇管制维度得分情况。这42个国家中，美国对个体解雇管制程度最低，得分为0.49；荷兰对个体解雇管制程度最高，得分为3.64。

表3-6比较了OECD数据中共建"一带一路"国家与非共建"一带一路"国家的个体解雇管制程度，从平均得分来看，两者分别为2.15和1.86，即共建"一带一路"国家对个体解雇的管制程度相对更严格。

表3-7为按照EPL-个体解雇管制得分的相对值这对42个国家进行分类的情况展示，分别为管制宽松组（0～1分，含1分），管制较松组（1～2分，含2分），管制较严组（2～3分，含3分），管制严格组（3～4分，含4分），管制超严组（4～6分，含6分）。

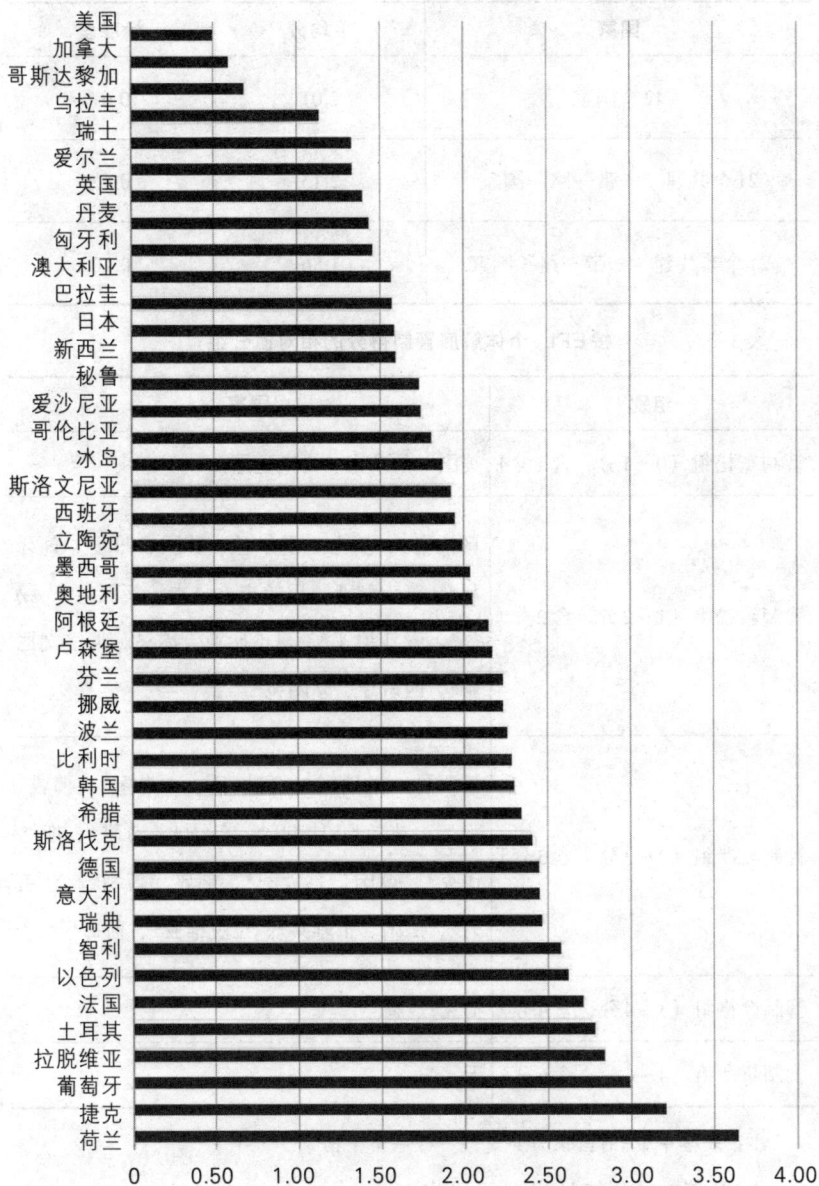

图 3-2　各国 EPL 指数个体解雇管制维度得分情况

表3-6 　　　　各组别国家 EPL-个体解雇管制维度得分统计

国家	平均分	标准差
42个国家	2.01	0.67
21个共建"一带一路"国家	2.15	0.62
21个非共建"一带一路"国家	1.86	0.70

表3-7 　　　　按 EPL-个体解雇管制得分的相对值分组

组别	国家
管制宽松组（0~1分，含1分）	美国、加拿大、哥斯达黎加*
管制较松组（1~2分，含2分）	乌拉圭*、瑞士、爱尔兰、英国、丹麦、匈牙利*、澳大利亚、巴拉圭、日本、新西兰*、秘鲁*、爱沙尼亚*、哥伦比亚、冰岛、斯洛文尼亚*、西班牙、立陶宛*
管制较严组（2~3分，含3分）	墨西哥、奥地利*、阿根廷、卢森堡*、挪威、芬兰、波兰*、比利时、韩国*、希腊*、斯洛伐克*、德国、意大利、瑞典、智利*、以色列*、法国、土耳其*、拉脱维亚*、葡萄牙*
管制严格组（3~4分，含4分）	捷克*、荷兰
管制超严组（4~6分，含6分）	无

注：表格中带*的国家为共建"一带一路"国家。

根据表3-7分组结果，可以发现：

（1）共建"一带一路"国家中哥斯达黎加、乌拉圭、匈牙利、新西兰、秘鲁、爱沙尼亚、斯洛文尼亚、立陶宛对个体解雇管制程度最松，但与美国等国家相比略为严格。

（2）共建"一带一路"国家对个体解雇管制程度大部分位于"管制较严组"，包括奥地利、卢森堡、波兰、韩国、希腊、斯洛伐克、意大利、智利、以色列、土耳其、拉脱维亚、葡萄牙在内的12个国家的得分都在2到3分之间，对个体解雇保护管制立法较为严格。

（3）只有捷克这个共建"一带一路"国家的对个体解雇的管制立法达到严格的程度。

2.集体解雇管制维度

图3-3展示了这42个国家EPL指数中的集体解雇管制维度得分情况。

这42个国家中，智利、新西兰、哥斯达黎加对集体解雇无管制或者管制程度非常低，得分为0，比利时对集体解雇管制程度最高，得分为4.88。共建"一带一路"国家平均得分为2.50，低于非共建"一带一路"国家的平均分3.10，因此，从平均得分来看，共建"一带一路"国家对集体解雇的管制程度相对更松一些（详见表3-8）。

表3-8　　　　各组别国家EPL-集休解雇管制维度得分统计

国家	平均分	标准差
42个国家	2.80	1.20
21个共建"一带一路"国家	2.50	1.53
21个非共建"一带一路"国家	3.10	0.74

表3-9为按照EPL-集体解雇管制得分的相对值对这42个国家进行分类的情况展示，分别为管制宽松组（0~1分，含1分），管制较松组（1~2分，含2分），管制较严组（2~3分，含3分），管制严格组（3~4分，含4分），管制超严组（4~6分，含6分）。

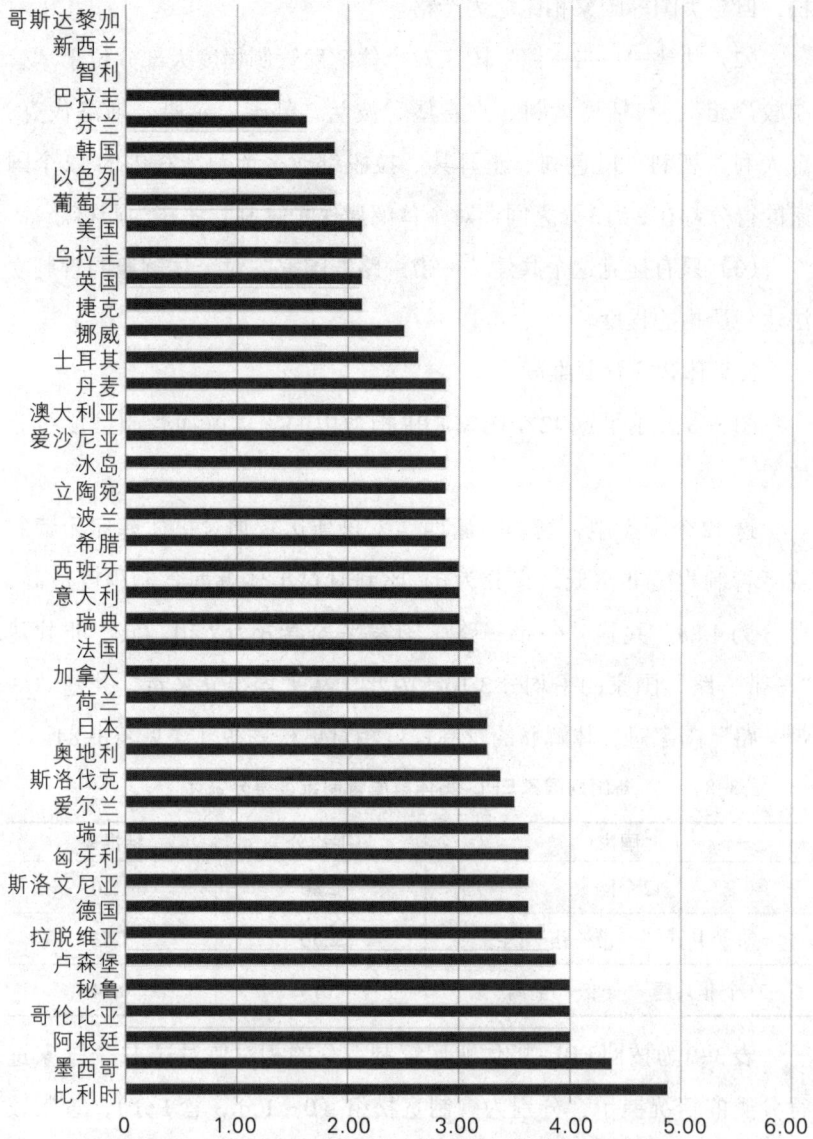

图 3-3 各国 EPL 指数集体解雇管制维度得分情况

根据表 3-9 分组结果，可以发现：

（1）共建"一带一路"国家中新西兰、智利、哥斯达黎加对集体解雇管制程度最低，或者说对集体解雇无管制（得分为0）。

（2）共建"一带一路"国家对集体解雇管制的严格程度较为分散。

表3-9　　　　　按EPL-集体解雇管制得分的相对值分组

组别	国家
管制宽松组（0~1分，含1分）	哥斯达黎加*、新西兰*、智利*
管制较松组（1~2分，含2分）	巴拉圭、芬兰、韩国*、以色列*、葡萄牙*
管制较严组（2~3分，含3分）	美国、乌拉圭*、英国、捷克*、挪威、土耳其*、丹麦、澳大利亚、爱沙尼亚*、冰岛、立陶宛*、波兰*、希腊*、西班牙、意大利*、瑞典
管制严格组（3~4分，含4分）	法国、加拿大、荷兰、日本、奥地利*、斯洛伐克*、爱尔兰、瑞士、匈牙利*、斯洛文尼亚*、德国、拉脱维亚*、卢森堡*、秘鲁*、哥伦比亚、阿根廷
管制超严组（4~6分，含6分）	墨西哥、比利时

注：表格中带*的国家为共建"一带一路"国家。

3. 临时雇佣管制维度

图3-4展示了这42个国家EPL指数中的临时雇佣管制维度得分情况。

这42个国家中，加拿大对临时雇佣管制程度最低，得分为0.28，土耳其对临时雇佣管制程度最高，得分为4.50。从平均得分来看，共建"一带一路"国家对临时雇佣的管制程度相对更严格一些（详见表3-10）。

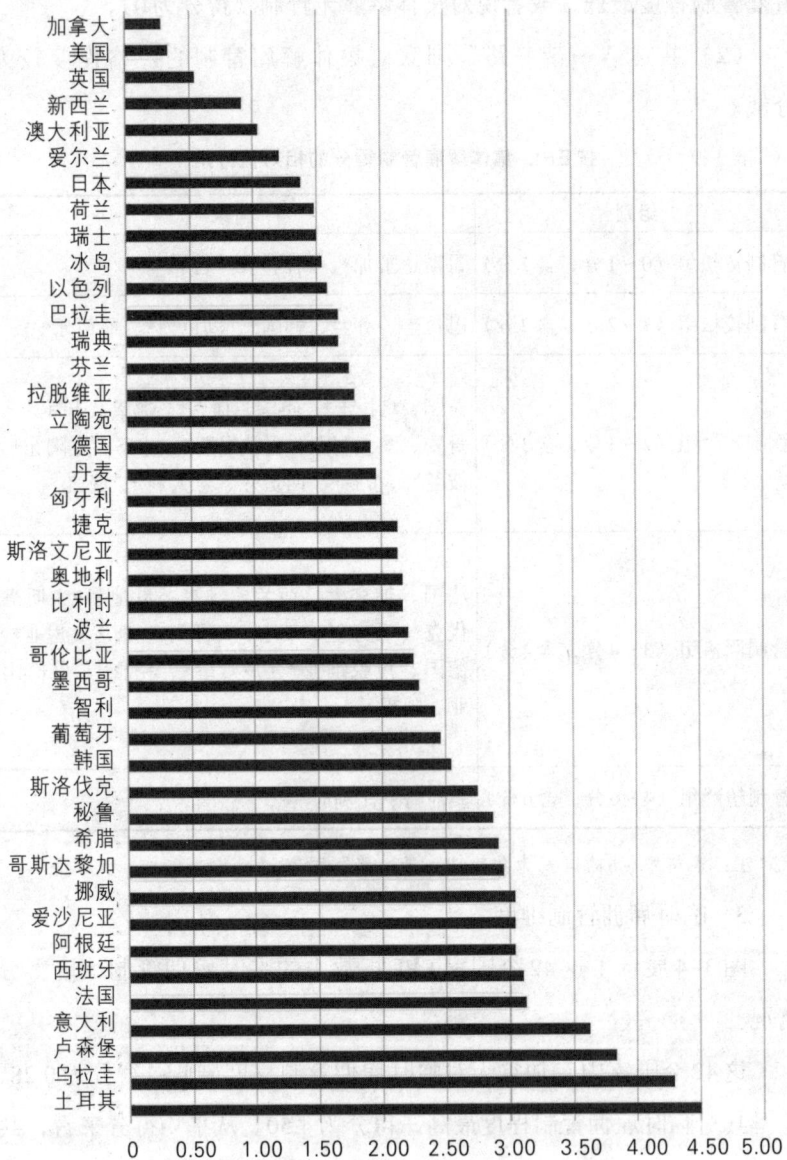

图3-4 各国EPL指数临时雇佣管制维度得分情况

表3-10　　　各组别国家EPL-临时雇佣管制维度得分统计

国家	平均分	标准差
42个国家	2.20	0.96
21个共建"一带一路"国家	2.62	0.89
21个非共建"一带一路"国家	1.78	0.85

表3-11为按照EPL-临时雇佣管制得分的相对值对这42个国家进行分类的情况展示，分别为管制宽松组（0~1分，含1分），管制较松组（1~2分，含2分），管制较严组（2~3分，含3分），管制严格组（3~4分，含4分），管制超严组（4~6分，含6分）。

表3-11　　　按EPL-临时雇佣管制得分的相对值分组

组别	国家
管制宽松组（0~1分，含1分）	加拿大、美国、英国、新西兰*
管制较松组（1~2分，含2分）	澳大利亚、爱尔兰、日本、荷兰、瑞士、冰岛、以色列*、巴拉圭、瑞典、芬兰、拉脱维亚*、立陶宛*、德国、丹麦、匈牙利*
管制较严组（2~3分，含3分）	捷克*、斯洛文尼亚*、奥地利*、比利时、波兰*、哥伦比亚、墨西哥、智利*、葡萄牙*、韩国*、斯洛伐克*、秘鲁*、希腊*、哥斯达黎加*
管制严格组（3~4分，含4分）	挪威、爱沙尼亚*、阿根廷、西班牙、法国、意大利*、卢森堡*
管制超严组（4~6分，含6分）	乌拉圭*、土耳其*

注：表格中带*的国家为共建"一带一路"国家。

根据表3-11分组结果,可以发现:

(1)共建"一带一路"国家中新西兰对临时雇佣管制程度最松。

(2)共建"一带一路"国家中土耳其对临时雇佣管制程度最严,且在42个国家中也是对临时雇佣管制程度最严的。

总休来说,共建"一带一路"国家对雇佣管制立法相对较严,其中,土耳其对个体解雇、集体解雇、临时雇佣管制程度都较为严格。值得注意的是,以色列虽然对于集体雇佣管制较为宽松,但对个体解雇管制较严,而哥斯达黎加虽然对个体和集体解雇管制较为宽松,但对临时雇佣管制较为严格。

第三节 共建"一带一路"国家的EPL指数变化状况分析结果

如上所述,OECD数据库中报告了2019年21个共建"一带一路"国家(奥地利、智利、哥斯达黎加、捷克、爱沙尼亚、希腊、匈牙利、以色列、意大利、韩国、拉脱维亚、立陶宛、卢森堡、新西兰、秘鲁、波兰、葡萄牙、斯洛伐克、斯洛文尼亚、土耳其、乌拉圭)的EPL指数。为了进一步考察不同国家的雇佣保护法指数随时间的变化情况,本研究比较了这些国家在2015年至2019年这5年间的EPL指数的变化情况。

在2015年至2019年期间,按照国家/地区的EPL指数变化特征,我们可以将21个共建"一带一路"国家分成四种类型。同一国家/地区在不同年份的EPL指数若只有降低则为下降型,若有增加则为上升型,若在不同年份分别有增加和降低则为波动型,若均没有变化则为稳定型。其中,稳定型国家占了三分之二以上(详见表3-12和图3-5)。

表 3-12　　　　　　　共建"一带一路"国家EPL指数动态类型

动态类型	国家
稳定型	奥地利、智利、哥斯达黎加、捷克、爱沙尼亚、希腊、匈牙利、以色列、韩国、拉脱维亚、卢森堡、新西兰、秘鲁、波兰、斯洛文尼亚、乌拉圭
下降型	土耳其、立陶宛
上升型	葡萄牙、斯洛伐克
上下波动型	意大利

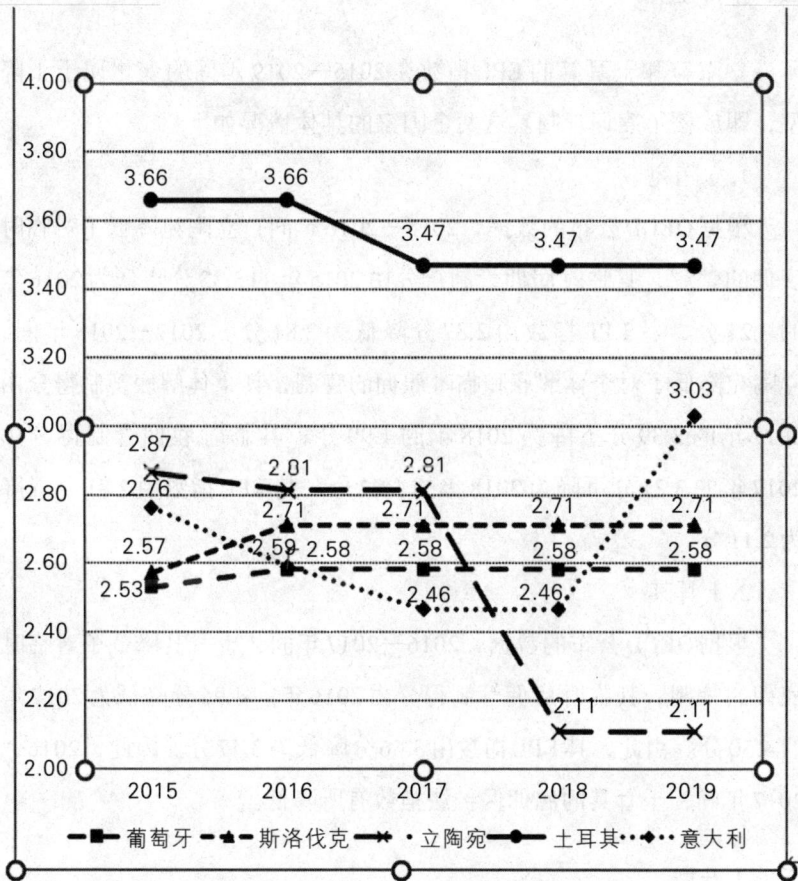

图3-5　2015—2019年EPL指数变化国家及其变化图

一、稳定型

有16个共建"一带一路"国家在EPL指数及其三个子维度得分均没有变化，分别是：奥地利、智利、哥斯达黎加、捷克、爱沙尼亚、希腊、匈牙利、以色列、韩国、拉脱维亚、卢森堡、新西兰、秘鲁、波兰、斯洛文尼亚、乌拉圭。

二、下降型

立陶宛和土耳其的EPL指数在2015—2019年间的变化属于下降型，即放松了雇佣管制。这两个国家的具体情况如下：

1.立陶宛

根据OECD公布的数据，2015—2016年间，立陶宛降低了对临时雇佣的管制，其临时雇佣管制得分由2015年的3.33分降低为2016年的3.21分，其EPL指数由2.87分降低为2.81分。2017—2018年间，立陶宛降低了对个体解雇和临时雇佣的管制，其个体解雇管制得分由2017年的2.39分下降为2018年的1.99分，其临时雇佣管制得分由2017年的3.21分下降为2018年的1.92分，其EPL指数由2.81分下降为2.11分。

2.土耳其

根据OECD公布的数据，2016—2017年间，土耳其降低了对临时雇佣的管制，其临时雇佣管制得分由2016年的4.96分降低为2017年的4.50分。由此，其EPL指数由3.66分降低为3.47分。因此，2016—2017年间，土耳其的雇佣保护法指数有所降低。

三、上升型

葡萄牙和斯洛伐克由于2015—2016年加强了对临时雇佣的管制，

使得这两个国家的 EPL 指数变化属于上升型。其具体情况如下：

1.葡萄牙

根据 OECD 公布的数据，2015—2016 年，葡萄牙加强了对临时雇佣的管制，其临时雇佣管制得分由 2015 年的 2.33 分上升为 2016 年的 2.46 分，由此，其 EPL 指数由 2.53 分上升为 2.58 分。因此，2015—2016 年，葡萄牙的雇佣保护法指数有所上升。

2.斯洛伐克

根据 OECD 公布的数据，2015—2016 年，葡萄牙加强了对临时雇佣的管制，其临时雇佣管制得分由 2015 年的 2.42 分上升为 2016 年的 2.75 分，由此，其 EPL 指数由 2.57 分上升为 2.71 分。因此，2015—2016 年，斯洛伐克的雇佣保护法指数有所上升。

四、波动型

由于个体解雇管制维度、集体解雇管制维度、临时雇佣管制维度各有不同变化，意大利的 EPL 指数呈上下波动趋势。具体情况如下：

根据 OECD 公布的数据，2015—2016 年，意大利降低了对个体解雇的管制，其个体解雇管制得分由 2015 年的 2.80 分降低为 2016 年的 2.38 分，其 EPL 指数由 2.76 分降低为 2.59 分。2016—2017 年，意大利降低了对集体解雇的管制，其集体解雇管制得分由 2016 年的 3.75 分降低为 2017 年的 3.00 分，其 EPL 指数由 2.59 分降低为 2.46 分。2018—2019 年，意大利加强了对个体解雇和临时雇佣的管制，其个体解雇管制得分由 2018 年的 2.38 分上升为 2019 年的 2.45 分，其临时雇佣管制得分由 2018 年的 2.33 分上升为 2019 年的 3.63 分，其 EPL 指数由 2.46 分上升为 3.03 分。因此，2015—2019 年，意大利的 EPL 指数呈现波动的趋势。

总体来说，大部分国家的 EPL 指数 2015—2019 年保持稳定，而 EPL 指数有所变化的国家都调整了对临时雇佣的管制。

第四章

国际组织对跨国企业的劳动与雇佣管制比较研究

国际组织是跨国企业海外投资所面临的劳动与雇佣管制的重要利益相关者。目前，众多国际组织制定了一系列针对跨国企业的劳动与雇佣的公约、倡议或者认证标准。这些都是跨国企业在国际化经营中需要面对的劳动与雇佣管制。跨国企业在共建"一带一路"国家投资与经营同样需要面临这些国际性制度的约束。其中，国际劳工组织、世界贸易组织（WTO）、联合国、经济合作与发展组织（OECD）以及地区性组织，比如东盟，都纷纷开展了跨国企业国际劳工标准的制定工作。随着企业社会责任运动的兴起，许多第三方权威机构和全球知名企业也遵循国际条例和行业规范出台了社会责任准则，其中包含了大量的劳动与雇佣内容。

在上述国际组织中，国际劳工组织的诞生在劳工标准统一化方面具有国际性的里程碑意义，同时，其核心劳工标准和《关于跨国企业和社会政策的三方原则宣言》被公认为有关公共和私营部门社会责任倡议和国际劳工问题的最具权威性的参考文件。因此，本章以国际劳工组织为基础，将国际劳工组织、世界贸易组织、联合国、经济合作与发展组织、东盟以及SA8000这一代表性的国际性企业社会责任标准对跨国企业的劳动与雇佣管制进行了比较研究。

第一节　国际劳工组织对跨国企业的劳动与雇佣管制

国际劳工组织（International Labour Organization，ILO）成立于1919年。该组织公布了许多标准化的劳工条例，签署了一系列倡议文件，为其成员提供了体系化的政策依据和标准化的行为准则，推动了劳工权益在全球范围内得到更广泛的确认和重视，进而增进劳工福祉，缓和劳资矛盾，推动社会公平正义，有利于世界的持久和平与团结。国际劳工组织通过公约（conventions）、建议书（recommendations）、公约修正案（protocols）和宣言（declarations）四种核心工具规定了国际劳工标准（International Labour Standards）。这些众所周知的劳工标准成为目前全球大多数跨国公司制定劳动与雇佣准则的参考规范和制度基础。

一、劳工标准公约

至 2022 年，国际劳工组织共计颁布了 10 项基础公约（fundamental conventions）和 5 项基本原则与权利，以及 4 项优先公约（priority conventions）（见表4-1）。

表4-1　　　　国际劳工组织的基础公约和优先公约

类型	主题	具体公约
10项基础公约	关于自由结社和集体谈判	■ 1948年第87号公约（关于保护结社自由与组织权的公约）； ■ 1949年第98号公约（关于劳工的组织权与集体谈判权的公约）
	关于废除强迫劳动	■ 1930年第29号公约及其2014年协议书（关于强迫劳动的公约）； ■ 1957年第105号公约（关于禁止强迫劳动公约）
	关于平等权和禁止歧视	■ 1958年第111号公约（关于反对就业歧视与职业歧视的公约）； ■ 1951年第100号公约（关于同工同酬的公约）

类型	主题	具体公约
10项基础公约	关于禁止使用童工	■ 1973年第138号公约（关于最低就业年龄的公约）； ■ 1999年第182号公约（关于阻止最恶劣形式雇佣童工的公约）
	关于安全与健康的工作环境	■ 1981年第155号公约（关于职业安全与卫生的公约）； ■ 2006年第187号公约（关于促进职业安全与卫生框架的公约）
4项优先公约	关于劳动监察	■ 1947年第81号公约（关于劳动监察的公约）； ■ 1969年第129号公约（关于农业行业的劳动监察公约）
	关于三方协商	■ 1976年第144号公约（关于劳工标准的三方协商公约）
	就业政策	■ 1964年第122号公约（关于就业平等政策的公约）

二、两个重要宣言

1.《国际劳工组织关于跨国企业和社会政策的三方原则宣言》

1977年，国际劳工局理事会为进一步推动跨国企业在国际劳工保护中发挥重要作用，颁布了《国际劳工组织关于跨国企业和社会政策的三方原则宣言》（以下简称《宣言》）。该宣言旨在为最大化跨国企业对经济和社会发展的积极贡献，以及最小化经营活动带来的负面影响提供详细的、全球化的指导。之后，为鼓励各方对"跨国公司宣言"原则作出承诺，ILO理事会采用了一系列操作工具，包括区域跟踪机制、三方任命的国家联络点、公司联盟对话和"跨国公司宣言原则"的解释程序等。ILO还将向各国政府、雇主和工人提供国际一级援助。

《宣言》是国际劳工组织就社会政策和包容性、负责任和可持续的工作场所实践向企业提供指导的唯一文书，也是唯一由政府、雇主代表和工人代表共同商定的具有全球影响力的国际文书。《宣言》经过多次修订，最近的一次发生在2017年3月。该宣言对政府和企业的建议内容涉及5个领域的相关原则：一般政策、关于就业保护（包括促进充分就业、社会保障、消除强迫劳动、抵制童工、实现平等就业和同工同酬、就业保障等）、工作培训、工作条件和生活条件（包括工作条件、工作安全和健康、工资福利待遇）、劳资关系（包括劳工的结社自由和组织权利、集体谈判权、劳资协商、劳动申诉、获取救济的途径、劳资纠纷的解决等），强调遵守国家法律以及确保企业经营活动与国家优先发展重点相协调。

《宣言》的部分主张与国际劳工组织的基础公约和优先公约的主题相契合。如《宣言》写道："跨国公司应在其权限范围内立即采取有效措施，确保禁止和消除其经营活动中的强迫劳动或强制劳动。"这与基础公约中的废除强迫劳动主题相关。《宣言》中关于"所有国家的政府都应当实行旨在促进就业机会和待遇平等的政策，以便消除任何基于肤色、性别、种族、民族、血统、宗教、政治和社会阶层出身的歧视。因此，跨国企业应该将资格、技能和经验作为其各级工作人员招聘、安置、培训和晋升的基础"的规定与基础公约中关于平等权和禁止歧视的主题相关。《宣言》写道："跨国企业应遵守有关允许进入就业或工作的最低年龄限制，确保有效地消除童工现象，并应立即在其所有权限内作为紧急事项采取相关的有效措施，确保抵制和禁绝最恶劣形式的童工劳动。"这与基础公约中禁止使用童工的主题相关。在促进就业方面，《宣言》写道："为刺激经济增长和发展，提高生活水平，满足劳动力的需要以及克服失业与就业不足，各国政府应当宣布和执行——作为一个主要目标——一项积极的、旨在促进充分的、生产型的和自由选择的就业政策。跨国企业应与主管当局以及全国性雇主组织和工人组织协调，以便使他们的劳动力计划在尽可能切实可行的情况下与国家社会发展政策相协调，这样的协调，应在跨国企业和所有有关各方包括工人组织之间连续进行。凡适宜时，跨国企业应当和他们所雇佣的工人或这些工人的组织的代表和政府当局合作，优先考虑东道国国民的就业、职业发展、提高和晋升。"《宣言》着重提及了在发展中国家投资的跨国企业，应当考虑到能够直接或间接创造就业的技术，并在可能的情况下参与到东道国技术开发中去。此外，为促进发展中国家的就业，跨国公司在可行的情况下，可以使用当地原材料，逐步推进原材料就地加工。其中的"各国政府应当宣布和执行 项积极的、旨在促进充分的、生产型的和自由选择的就业政策"就与优先公约中的就业政策相关。同时，《宣言》的内容相较于国际劳工组织的基础公约和优先公约也有更丰富的部分，如以下方面：

在就业保障方面，《宣言》写道："跨国企业应通过制订积极的劳动力计划，致力于为他们的雇员提供稳定的就业，并且遵守关于就业稳定和社会保障的自由谈判的义务。"《宣言》指出，鉴于跨国企业可能具有的灵活性，尤其是在那些一旦停业便可能加重长期失业的国家中，跨国企业应该努力在就业保障方面发挥主导作用。因此，跨国企业在考虑经营活动（包括合并、收购或生产转移等）可能产生的重大就业影响时，应通知政府当局和员工及其组织的代表，以最大限度地减轻不利影响，尤其在涉及集体裁员或解雇的情况下，这一点尤其重要。此外，跨国企业应当避免任意解雇的程序，同时政府也应当给被解雇的工人提供某种形式的收入保护。

在工作培训方面，《宣言》要求："这种培训应当尽可能地发展一般有用的技能和促进本人的提升机会，在该国当局、雇主组织和工人组织以及地方主管当局、国家机构和国际机构的合作下进行。"《宣言》特别提及在发展中国家经营的跨国公司应当积极参与东道国政府所鼓励的并且得到雇主组织和工人组织支持的计划，包括特别基金项目等，从而鼓励工人的技能培训和能力发展，并为其提供职业指导。如果可行，跨国企业还可以提供技术、资源、人员的服务，帮助发展中国家政府制订培训方案。

在工作条件和生活条件方面，《宣言》指出："跨国企业提供的工资、福利和工作条件，不应低于有关国家相应雇主所提供的。跨国企业应当在政府政策的范围内，提供尽可能高的工资、福利和工作条件。这些福利应当与企业的经济地位相适应，至少足够满足工人及其家庭的基本需要。他们为工人提供诸如住房、医疗和食品等基本福利时，应具有良好的标准。各国政府，特别是发展中国家政府，应努力采取适当措施，确保低收入群体和欠发达地区尽可能从跨国企业的活动中受益。"

2.《国际劳工组织关于工作中的基本原则和权利宣言》

继《国际劳工组织关于跨国企业和社会政策的三方原则宣言》之后，国际劳工组织在1998年通过了《国际劳工组织关于工作中基本原则和权利的宣言》。该宣言是三方组织宣言的进一步发展，最终确认了劳工保护的四项国际基本原则，分别是：①工人享有自由结社和集体谈判的权利；②消除任何形式的强制劳动行为；③杜绝童工；

④消除职业歧视。这些与国际劳工组织的八项基础公约的主题相统一。这两个宣言是目前国际劳工组织关于国际劳工标准规则的重要文件，可以为跨国企业提供保护劳工权益和承担社会责任的积极指导。在2022年的修正案中，该宣言又将"安全与健康的工作环境"补充为第五项基本原则。

三、《国际劳工组织关于劳动力迁移的多边框架》

随着全球贸易和交流的加强，国际劳工组织在2006年颁布了《国际劳工组织关于劳动力迁移的多边框架》。该框架为劳动力输出地和接收地的政府、雇主企业、社会组织等相关群体都提供了劳工权益保障方面的有益指导。该框架主要强调了9个基本点：第一，体面劳动，创造一个安全、健康、平等、自由、受尊重的劳动环境；第二，加强国际合作，包括双边和多边交流、政府间对话、国际援助等；第三，建立全球移民劳工数据库；第四，依法管理劳动力迁移；第五，依法保护移民劳工，遵照国际劳工标准和国内法律；第六，严禁剥削和虐待；第七，加强中介机构的监督；第八，移民劳工的社会包容、反歧视与社会融入；第九，各国的最佳实践。这些内容主要关注移民劳工问题。

四、国际劳工组织对跨国企业劳动与雇佣管制的关键主题

综合上述分析，可以总结出国际劳工组织在跨国企业劳动与雇佣管制方面的十个关键主题：自由结社和集体谈判、废除强迫劳动、平等权和禁止歧视、禁止使用童工、劳动监察、三方协商、促进就业与就业保障、工作培训、工作条件与生活条件，以及移民劳工。上述十大主题的详细来源见表4-2。

表 4-2　　　国际劳工组织对跨国企业劳动与雇佣管制的
关键主题与来源

主题	来源
自由结社和集体谈判	1948 年第 87 号公约（关于保护结社自由与组织权的公约）；1949 年第 98 号公约（关于劳工的组织权与集体谈判权的公约）；《国际劳工组织关于跨国企业和社会政策的三方原则宣言》；《国际劳工组织关于工作中基本原则和权利的宣言》
废除强迫劳动	1930 年第 29 号公约及其 2014 年协议书（关于强迫劳动的公约）；1957 年第 105 号公约（关于禁止强迫劳动公约）；《国际劳工组织关于跨国企业和社会政策的三方原则宣言》；《国际劳工组织关于工作中基本原则和权利的宣言》
平等权和禁止歧视	1958 年第 111 号公约（关于反对就业歧视与职业歧视的公约）；1951 年第 100 号公约（关于同工同酬的公约）；《国际劳工组织关于跨国企业和社会政策的三方原则宣言》；《国际劳工组织关于工作中基本原则和权利的宣言》
禁止使用童工	1973 年第 138 号公约（关于最低就业年龄的公约）；1999 年第 182 号公约（关于阻止最恶劣形式雇佣童工的公约）；《国际劳工组织关于跨国企业和社会政策的三方原则宣言》；《国际劳工组织关于工作中基本原则和权利的宣言》
劳动监察	1947 年第 81 号公约（关于劳动监察的公约）；1969 年第 129 号公约（关于农业行业的劳动监察公约）
三方协商	1976 年第 144 号公约（关于劳工标准的三方协商公约）
促进就业与就业保障	1964 年第 122 号公约（关于就业平等政策的公约）；《国际劳工组织关于跨国企业和社会政策的三方原则宣言》
工作培训	《国际劳工组织关于跨国企业和社会政策的三方原则宣言》

主题	来源
工作条件和生活条件	《国际劳工组织关于跨国企业和社会政策的三方原则宣言》；1981年第155号公约（关于职业安全与卫生的公约）；2006年第187号公约（关于促进职业安全与卫生框架的公约）
移民劳工	《国际劳工组织关于劳动力迁移的多边框架》

第二节　国际组织对跨国企业的劳动与雇佣管制比较分析：以国际劳工组织为参照

国际劳工组织1919年的诞生在劳工标准统一化方面具有国际性的里程碑意义。同时，其核心劳工标准和《国际劳工组织关于跨国企业和社会政策的三方原则宣言》被公认为有关公共和私营部门社会责任倡议和国际劳工问题的最具权威性的参考文件。例如，世界贸易组织（WTO）成员均表示尊重国际劳工组织的核心劳工标准，联合国也鼓励和倡议遵守《国际劳工组织关于跨国企业和社会政策的三方原则宣言》。因此，本章以国际劳工组织对跨国企业劳动与雇佣管制的十大主题为基础，对世界贸易组织、联合国、经济合作与发展组织、东盟以及国际性企业社会责任标准（SA8000）对跨国企业的劳动与雇佣管制进行了比较研究，以识别它们的异同。具体的分析结果见表4-3。

表4-3　　国际组织对跨国企业劳动与雇佣管制比较总结

主题	世界贸易组织	联合国	经济合作与发展组织	东盟	SA8000国际性企业社会责任标准
自由结社和集体谈判		有	有	有	有

主题	世界贸易组织	联合国	经济合作与发展组织	东盟	SA8000国际性企业社会责任标准
废除强迫劳动		有	有	有	有
平等权和禁止歧视		有	有	有	有
禁止使用童工		有	有	有	有
劳动监察					
三方协商			有		
促进就业与就业保障	有				
工作培训			有		
工作条件和生活条件	有	有	有	有	有
移民劳工				有	

注："有"表示该国际组织存在对跨国企业劳动与雇佣管制相应主题的规定。

一、自由结社和集体谈判

跨国企业员工自由结社和集体谈判的权利在各个国际组织中都得到了较为广泛的关注。联合国、经济合作与发展组织、东盟和SA8000认证体系都提到了员工组织与参与工会的自由和集体谈判的权利。

具体而言，联合国在其1996年通过的《经济、社会、文化权利国际公约》的第三部分第八条中指出"人人有权组织工会和参加他所选择的工会，以促进和保护他的经济和社会利益"。而在1999年1月31日的达沃斯世界经济论坛会议上，时任联合国秘书长科菲·安南促请与会的工商界领袖们一起加入的一项国际性倡议《全球契约》①的十项原则中，也强调支持结社自由和集体谈判的权利②。

---

① 张淑苹，李玉国.跨国公司环境法律责任的国际法规制［J］.安徽广播电视大学学报，2013（02）：32-36.
② United Nations. The Ten Principles of the UN Global Compact［R/OL］.［2022-02-24］. New York ： United Nations. https：//www. unglobalcompact. org/what-is-gc/mission/principles.

而经济合作与发展组织的30个成员方及另外7个非成员方政府签署的《经济合作与发展组织跨国企业准则》[①]中第五章第一条第一款指出要"尊重跨国企业雇员建立或加入自己选择的工会和代表组织的权利",第二款指出要"尊重跨国企业雇员的权利,为开展集体谈判目的承认其工会和自己选择的代表组织,单独或通过雇主协会与这些代表进行建设性磋商,以便就雇用条件达成一致"[②]。以上两款指出了跨国企业员工自由结社的权利,并涉及了集体谈判的相关规定。《经济合作与发展组织跨国企业准则》的第八条更明确强调了跨国企业员工集体谈判的权利,强调企业应"让得到授权的企业雇员代表能够进行集体谈判,或是就劳资关系问题进行谈判,允许各方就共同关注的事宜与得到授权可就此类事宜做出决定的管理层代表进行协商"。

同样,东盟劳动模范工作组(SLOM-WG)发布的《东盟企业社会责任劳工指南》也指出"企业/机构应尊重工人结社自由的权利,尊重工人组织在选择代表和集体谈判中的独立性""企业/事业单位应尊重和承认集体谈判权利,尊重通过集体谈判取得的协议,未经职工代表同意,不得改变劳动条件"。

最后,作为首个为全球的企业和生产组织制定的社会责任认证标准,SA8000认证体系也强调了组织工会与集体谈判的内容。

二、废除强迫劳动

在废除强迫劳动方面,联合国、经济合作与发展组织、东盟和SA8000认证体系也都做出了相关规定。其中,联合国倡导的《全球

---

① 张久琴. OECD《跨国企业准则》执行机制分析 [J]. WTO经济导刊, 2017 (Z1): 85-87.
② 经济合作与发展组织. 经济合作与发展组织跨国企业准则(2011年版) [R/OL]. 2011 [2023-04-26]. http://mneguidelines.oecd.org/guidelines/MNEGuidelines-Chinese.pdf.

契约》的十项原则中包括杜绝一切形式的强迫劳动①；《经济合作与发展组织跨国企业准则》中的第五章第一条第四款点明企业应"为消除所有形式的强迫劳动或强制劳动做出贡献，采取适当措施，确保经营活动中不存在强迫劳动或强制劳动"②。《东盟企业社会责任劳工指南》也指出"企业/机构不应从事、受益于或支持以任何形式的强迫劳动行为，包括劳动力贩运"；而SA8000也同样禁止企业采用国际劳工组织第29号条例所规定的强迫劳动或强制劳动。

三、平等权和禁止歧视

平等权和禁止歧视的主题同样得到了联合国、经济合作与发展组织、东盟和SA8000认证体系的广泛关注。

具体而言，联合国下属的跨国企业委员会于1990年提出的《跨国企业行动守则（草案）》，鼓励和倡议全世界范围内的跨国企业承诺并做到消除就业歧视，增进机会和待遇平等。而在其倡导的《全球契约》的十项原则中也包含消除就业和职业中的工作歧视③。联合国下属的促进和保护人权委员会于2003年公开颁布的《跨国企业和其他工商企业在人权方面的责任准则》同样详细阐述了就业的机会平等和非歧视原则。

《经济合作与发展组织跨国企业准则》中的第五章第一条第五款指出企业应"在经营过程中始终奉行就业机会和待遇平等原则，不因种族、肤色、性别、宗教、政见、国家出身、社会出身或其他状况，在就业和待遇方面对雇员实施歧视"④。

---

① United Nations. The Ten Principles of the UN Global Compact［R/OL］. ［2022-02-24］. https://www.unglobalcompact.org/what-is-gc/mission/principles.
② 经济合作与发展组织. 经济合作与发展组织跨国企业准则（2011年版）［R/OL］. ［2023-04-26］. http://mneguidelines.oecd.org/guidelines/MNEGuidelines-Chinese.pdf.
③ United Nations. The Ten Principles of the UN Global Compact［R/OL］. ［2022-02-24］. https://www.unglobalcompact.org/what-is-gc/mission/principles.
④ 经济合作与发展组织. 经济合作与发展组织跨国企业准则（2011年版）［R/OL］. ［2023-04-26］. http://mneguidelines.oecd.org/guidelines/MNEGuidelines-Chinese.pdf.

《东盟企业社会责任劳工指南》也指出"企业/事业单位应奉行旨在促进就业机会和待遇平等的政策，不应基于种族、民族血统、社会出身、宗教、语言、年龄、性别、性取向、政治观点、工人组织成员、国籍、能力、怀孕、婚姻状况、父母和艾滋病毒状况而歧视工人""企业/机构不应受益于其合作伙伴、供应商或分包商的不公平、剥削或滥用劳工行为"。

四、禁止使用童工

　　国际组织对禁止使用童工的关注同样较多，联合国、经济合作与发展组织、东盟和SA8000认证体系都在其书面文件中明确强调了对儿童的保护。其中，联合国通过的《经济、社会、文化权利国际公约》第十条指出"应保护儿童和青年不受经济和社会剥削，依法惩治那些使儿童和青少年从事有害道德或健康、危及生命或可能妨碍其正常发展的工作。各国还应规定年龄限制，低于这一限制，童工的有偿雇用应受到法律的禁止和惩罚"；其《全球契约》也强调严禁童工①。《经济合作与发展组织跨国企业准则》中的第五章第一条第三款中也指出企业应"为切实废除童工做出贡献，立即采取有效措施，确保作为当务之急，禁止和消除最恶劣形式的童工劳动"②。《东盟企业社会责任劳工指南》同样强调，"企业/机构应尊重最低就业年龄，废除童工""企业/机构不应雇用或支持最低年龄以下儿童就业，他们还应警惕雇佣年轻工人，尤其是在危害儿童健康、安全或道德的职业中"。

---

　　①　United Nations. The Ten Principles of the UN Global Compact ［R/OL］.［2022-02-24］. https：//www.unglobalcompact.org/what-is-gc/mission/principles.
　　②　经济合作与发展组织.经济合作与发展组织跨国企业准则（2011年版）［R/OL］.［2023-04-26］. http：//mneguidelines.oecd.org/guidelines/MNEGuidelines-Chinese.pdf.

五、劳动监察

国际劳工组织1947年第81号公约（关于劳动监察的公约）和1969年第129号公约（关于农业行业的劳动监察公约）分别指出了工商业和农业的劳动监察制度，但在其他国际组织中几乎没有关于劳动监察制度的规定。

六、三方协商

国际劳工组织1976年第144号公约（关于劳工标准的三方协商公约）指出了政府、雇主和工人的代表之间进行有效协商，共同讨论国际劳工组织活动的有关事宜的三方协商方式。这一优先公约在其他国际组织中受到的关注较少，仅《东盟企业社会责任劳工指南》中"企业/机构应通过有效的社会对话、三方伙伴关系和工作场所的双方合作来促进良好的劳资关系"的说法略有体现三方协商。

七、促进就业与就业保障

世界贸易组织以及经济合作与发展组织对跨国企业促进东道国就业和为员工提供就业保障这一主题做出了规定。

在促进就业方面，世贸组织在成立之初发布的《建立世界贸易组织协定》指出应当"促进充分就业"，而《经济合作与发展组织跨国企业准则》第五条也指出企业应"在实际可行范围内应尽可能多地雇用当地人员"①。

在就业保障方面，《经济合作与发展组织跨国企业准则》第六条指出企业应"在考虑可能对就业产生重大影响的业务变化时，特别是

---

① 经济合作与发展组织.经济合作与发展组织跨国企业准则（2011年版）[R/OL].[2023-04-26]. http://mneguidelines.oecd.org/guidelines/MNEGuidelines-Chinese.pdf.

在关闭某一实体将涉及集体解雇或遣散的情况下，应将这一变化合理地通知员工代表和员工组织，在适当情况下通知相关政府主管部门，并与雇员代表和相关政府主管部门合作，以期最大程度地缓解实际不利影响"。

八、工作培训

在为员工提供培训方面，经济合作与发展组织和东盟都做出了相关的规定。其中《经济合作与发展组织跨国企业准则》第五章第五条指出企业应"与雇员代表以及在适当情况下与相关政府主管部门合作开办培训，以提高技术水平"[①]。《东盟企业社会责任劳工指南》也指出"企业/机构应推行人力资源发展政策和方案，为各级员工提供相关培训和终身学习机会，以发展其技能和促进职业机会"。

九、工作条件和生活条件

工作条件和生活条件包含工作条件、工作安全和健康、工资福利待遇、工作时间等与员工工作中切实相关的内容，其内涵具体且广泛，因此本章研究的所有国际组织都对这一主题进行了较为细致的规定。

具体而言，世界贸易组织对工作安全和健康，工资福利待遇都做出了规定。其《1994年关税与贸易总协定》（GATT1994）中第20条第2款规定的"为保障人民、动物和植物的生命和健康所必须采取的措施"涉及人民生命和健康，也包括劳工在工作中的生命健康与安全。其GATT1994中第20条第5款在"有关监狱劳动产品的措施"的规定中提到，各成员有权利限制和禁止进口监狱的劳动产品。因为许

---

① 经济合作与发展组织.经济合作与发展组织跨国企业准则（2011年版）[R/OL].[2023-04-26].http://mneguidelines.oecd.org/guidelines/MNEGuidelines-Chinese.pdf.

多囚犯没有获得与正常劳工平等的工资、待遇和保障等权利，所以生产成本更低，这样的劳动产品流入全球贸易市场，是不正当、不合法的倾销行为，会影响正常的贸易秩序，这也是世界贸易组织关注跨国企业员工工资福利待遇的一种体现。而世界贸易组织在成立之初发布的《建立世界贸易组织协定》也表达了"提高生活水平……不断提高实际收入和扩大市场的有效需求"的要求，呼应保障员工工资福利待遇的主题。

联合国也对员工的工作安全和健康、工资福利待遇和工作时间做出了规定。其通过的《经济、社会、文化权利国际公约》的第七条就强调"本盟约缔约国确认人人有权享受公平与良好之工作条件"，并具体对"同工同酬"、工资能"维持本人及家属符合本盟约规定之合理生活水平"、"安全卫生的工作环境"、"合理限制工作时间以及安排带薪休假"做出了规定。同时其颁布的《跨国企业和其他工商企业在人权方面的责任准则》也详细阐述了员工人身健康与安全的权利。

经济合作与发展组织对员工的工作安全与健康和员工的工资福利待遇也做出了相关规定。《经济合作与发展组织跨国企业准则》第五章第四条规定，企业应"遵守不次于东道国类似雇主遵循的就业和劳资关系标准。假如跨国企业在没有类似雇主的发展中国家开展业务，应在政府政策框架内，提供尽可能最好的工资、福利和工作条件。部分待遇应该与企业的经济状况挂钩，但至少应满足工人及其家人的基本需求"。这是对工资福利待遇的规定，同时，该条中也规定要在"经营中确保职业健康与职业安全"。①

东盟对员工的工作安全与健康和工资福利待遇也做出了与其他国际组织相似的规定。在工资福利待遇方面，《东盟企业社会责任劳工

---

① 经济合作与发展组织.经济合作与发展组织跨国企业准则（2011年版）［R/OL］.［2023-04-26］. http://mneguidelines.oecd.org/guidelines/MNEGuidelines-Chinese.pdf.

指南》规定"企业/事业单位应当按照法律（或更高）的规定，为劳动者提供尽可能最好的工资、福利、工作条件和可持续的社会保障"。在工作安全和健康方面，《东盟企业社会责任劳工指南》规定"企业/事业单位应当为劳动者提供法律规定的或高于法律的最高水平的安全和健康标准，预防危害，降低工作中的风险因素"。同时，通过在2008年的第一次东盟职业安全和健康网络协调委员会会议上签署的《关于建立东盟-职业安全与卫生网的谅解备忘录》，东盟职业安全和健康网络（ASEAN Occupational Safety and Health Network，ASEAN-OSHNET）建立，有利于促进在东盟地区改善工作场所职业安全与健康（OSH）方面的合作。

SA8000认证体系也有多项关于工作条件和生活条件的规定，其2014年修订版主要内容包括重视健康与安全、工作时间、薪酬及管理体系。同时，惩戒性措施中的"公司不得从事或支持体罚、精神或肉体胁迫以及言语侮辱"也是对员工健康和安全的保护。

十、移民劳工

国际劳工组织在2006年颁布了《国际劳工组织关于劳动力迁移的多边框架》，强调了对于移民劳工应该关注的问题。2007年1月13日举行的东盟峰会通过了东南亚地区第一份《东盟保护和促进移民劳工权利宣言》（DPPMW）。该宣言也重点阐述了劳务接收国和劳务输出国在移民劳工群体权益保护上的双向责任。上述两个文件都是关于移民劳工的规定，不同点在于国际劳工组织的规定更侧重于劳动力迁移要关注的问题，而东盟则将问题拆分为劳务接收方和劳务输出方两个方面。两者也有共同之处，比如都强调给予劳工体面的劳动和生活，都强调移民劳工的社会融入，同时，第六届ASEAN移民劳工论坛建议成立国际移民数据库也与国际劳工组织建立全球移民劳工数据库的想法相契合。

第三节　本章小结

　　本章基于国际劳工组织对跨国企业劳动与雇佣管制的十大主题，对国际劳工组织、世界贸易组织、联合国、经济合作与发展组织、东盟和国际性企业社会责任标准（SA8000）等关于跨国企业的劳动与雇佣的管制进行了对比分析。经过前文的对比梳理，可以得到以下两个结论：

　　首先，国际组织对跨国企业劳动与雇佣管制十大主题的关注程度不同。其中，对于国际劳工组织八项基础公约规定的自由结社和集体谈判、废除强迫劳动、平等权和禁止歧视、禁止使用童工等四项主题，其他国际组织也都给予了广泛的关注，除世界贸易组织外，联合国、经济合作与发展组织、东盟和SA8000都对这四个主题有明确的描述与规定。此外，对于工作条件和生活条件这一主题，所有国际组织也都有较为细致的规定。但是，对于促进就业和就业保障以及工作培训的关注相对较少，其中，在促进就业与就业培训方面，只有世界贸易组织和经济合作与发展组织有相关规定，在工作培训方面，只有经济合作与发展组织与东盟有相关的规定。而其他国际组织对于三方协商和移民劳工的主题的关注则更少，只有经济合作与发展组织有关于三方协商的少量规定，东盟有关于移民劳工的规定。关于劳动监察问题，除了国际劳工组织外，几乎没有其他国际组织关注。

　　其次，不同国际组织对于跨国企业劳动与雇佣管制的规定详略程度不同。其中，世界贸易组织在对跨国企业劳动与雇佣管制上只有零星的规定，仅涉及促进就业与就业保障、工作条件与生活条件这两个主题，且规定不够直接。而国际劳工组织、联合国、经济合作与发展组织和东盟在对跨国企业劳动与雇佣管制上都有一个或多个明确且直接的规定文件。相对来说，国际劳工组织关注的劳工问题具有全面性和普适性。本章从国际劳工组织的劳工标准公约、两个重要宣言以及《国际劳工组织关于劳动力迁移的多边框架》总结了本章比较研究的十大主题，即自由结社和集体谈判、废除强迫劳动、平等权和禁止歧视、禁止使用童工、劳动监察、三方协商、促进就业与就业保障、工作培训、工作条件和生活条件、移民劳工，这十个主题在其他国际组织中也得到了广泛的关注并且几乎涵盖了其他国际组织对跨国企业劳动与雇佣管制的全部内容，可见国际劳工组织关注的问题是重要、精准、全面且受认可的。

第五章

东南亚四个共建"一带一路"国家对跨国企业的劳动与雇佣管制比较研究

为进一步深入剖析共建"一带一路"国家对跨国企业的劳动与雇佣管制，本章聚焦在东南亚4个具有代表性的共建"一带一路"国家——越南、泰国、马来西亚和印度尼西亚（这4个国家多年来一直处于中国对外直接投资最多的前十大共建"一带一路"国家之列），分析比较了这4个国家在劳动与雇佣管制各维度上的异同。首先，在世界银行EWI的指标体系4个维度基础上，归纳总结出固定期限合同、试用期、最低工资等13个子维度。然后，结合EWI相关数据，比较越南、泰国、马来西亚和印度尼西亚在"雇用"、"工作时长"、"解雇政策"和"解雇成本"4个维度上的表现，并进一步细化到13个子维度，呈现各国在每一子维度上的管制特征，比较这4个国家在各子维度上的差异性和相似性。

第一节　EWI维度的再界定

本书的第二章对世界银行EWI已进行较为详细的介绍。EWI是一个衡量全球经济体就业管制的指标，可作为跨国公司进行跨国投资的一个参考指标。这一指数通常包括"雇用"、"工作时长"、"解雇政策"和"解雇成本"4个维度，每一个维度包含了多个测量条目。鉴于各大维度所含的条目众多（共35个条目），且一些条目体现的是共同的主题，因此，本书对这些条目进一步梳理归纳，总结为13个子维度。其中，"雇用"维度分为固定期限合同、试用期以及最低工资3个子维度；"工作时长"维度可以分为工作时间、工作津贴以及带薪年假3个方面；"解雇"政策可以分为以裁员为理由解雇员工、第三方知情同意、裁员前重新分配岗位或再培训以及优先原则4个方面；最后，"解雇成本"维度则可以分为解雇通知期、解雇赔偿金以及失业保护3个子维度（见表5-1）。

表5-1　　　　　　　　　EWI维度及其子维度

维度	条目	子维度
1 雇用	1.1 是否禁止将固定期限合同用于永久性工作	固定期限合同
	1.2 一个固定期限合同（不包括任何续签）的最长期限（月）	
	1.3 固定期限合同（包括所有续签）的最长期限（月）	
	1.4 法律规定的正式员工的最长试用期长度（月）	试用期
	1.5 19岁，有一年工作经验的收银员的最低工资（美元/月）	最低工资
	1.6 法定最低工资与每名工人增加的平均值之比	
2 工作时长	2.1 每周最多工作天数	工作时间
	2.5 是否有对夜间工作的管制	
	2.6 是否有对周末工作的管制	
	2.7 是否有对加班的管制	
	2.11 每日标准工作时长	
	2.2 夜间工作的津贴（按小时工资的百分比）	工作津贴
	2.3 周末工作的津贴（按小时工资的百分比）	

维度	条目	子维度
2 工作时长	2.4 加班的津贴（按小时工资的百分比）	工作津贴
	2.8 工龄 1 年员工的法定带薪年假	带薪年假
	2.9 工龄 5 年员工的法定带薪年假	
	2.10 工龄 10 年员工的法定带薪年假	
	2.12 平均带薪年假（2.8、2.9、2.10 的平均值）	
3 解雇政策	3.1 以裁员为理由解雇员工是否合法	以裁员为理由解雇员工
	3.2 是否解雇一名或多名员工要通知第三方（如政府部门）	第三方知情同意
	3.3 是否解雇一组九名员工要通知第三方（如政府部门）	
	3.4 是否需要第三方批准才能解雇一名员工	
	3.5 是否需要第三方批准才能解雇一组九名员工	
	3.6 雇主是否有义务在裁员之前重新分配岗位或再培训员工	裁员前重新分配岗位或再培训
	3.7 优先原则是否适用于解雇员工	优先原则
	3.8 优先原则是否适用于再就业的员工	

维度	条目	子维度
4 解雇成本	4.1 解雇工龄 1 年员工的通知期（以工资周为单位）	解雇通知期
	4.2 解雇工龄 5 年员工的通知期（以工资周为单位）	
	4.3 解雇工龄 10 年员工的通知期（以工资周为单位）	
	4.4 平均解雇通知期（4.1、4.2、4.3 的平均值）	
	4.5 解雇工龄 1 年员工的赔偿金（以周薪为单位）	解雇赔偿金
	4.6 解雇工龄 5 年员工的赔偿金（以周薪为单位）	
	4.7 解雇工龄 10 年员工的赔偿金（以周薪为单位）	
	4.8 平均解雇赔偿金（4.5、4.6、4.7 的平均值）	
	4.9 员工在职一年后是否获得失业保护	失业保护

基于 EWI 的维度以及再界定后的子维度，本书对越南、泰国、马来西亚和印度尼西亚在对跨国公司劳动与雇佣的管制方面进行比较分析。

第二节　研究方法

虽然EWI本身提供了相应的量化数据，这些数据来自世界银行对各经济体当地律师和政府官员等人员的问卷调查，可能带有一定的主观偏差，因此，本章针对越南、泰国、马来西亚和印度尼西亚四国对跨国公司劳动与雇佣管制的相关法律法规开展文本分析。相关的文本来源包括：

（1）越南。主要运用现行的劳动与雇佣相关法律法规，包括《劳动法典》①、《越南工会法》②、《越南外籍劳工管理办法》③和《越南的外资企业的劳动法》④等文件。这些法律政策有些适用于所有类型的企业，从劳动合同的签订、就业与培训、工作时间、工资、社会保险、职业安全、工会和劳动争议等多个方面进行规定；有些则专门针对于外资企业，如《越南的外资企业的劳动法》对外资企业有一些特殊的规定，包括工作许可证、越南员工的招聘与管理以及外国人在越南就业等。《劳动法典》的相关规定适用于外籍劳工，同时还专门对外籍劳动者的相关事项进行了规定，包括外籍劳工的就业条件、工作许可证、劳动合同和社会保险等。

（2）泰国。泰国在劳工保护方面涉及的法律有《劳动保护法》、《社会保险法》、《工人抚恤金法》和《劳动关系法》等。⑤这些法律

---

①　《劳动法典》自2013年5月1日起生效，详见国际劳工组织网站（https://www.ilo.org/dyn/natlex/natlex4.detail? p_lang=en&p_isn=91650），最后访问于2021年8月7日。
②　《越南工会法》自2013年1月1日起生效.参见：阮生雄，龚敏.越南工会法[J].南洋资料译丛，2017（4）：61-68.
③　《越南外籍劳工管理办法》于2011年11月3日颁布。参见：佚名.【精品】越南外籍劳工管理办法[EB/OL].[2021-08-22].http://www.doc88.com/p-5139947487737.html.
④　《越南的外资企业的劳动法》的内容详见越南中国商会网站（http://vietchina.org/zcfg/ldl/2992.html），最后访问于2021年8月20日。
⑤　泰国劳动相关法律，参见商务部网站（http://th.mofcom.gov.cn/article/ddfg/qita/201508/20150801080917.shtml），最后访问于2021年8月8日。

对工作时间、员工雇佣、工资发放、劳工保障、争议解决等问题做出了规定。泰国目前实施的《劳动保护法》制定于1998年[1]，在2008年[2]、2010年[3]和2017年[4]分别进行了修订。此外，泰国有多部法律涉及外商经营活动，其中最为重要的是《外商经营企业法》[5]，它用以管理外国人在泰国境内参与商业活动，限制外国人在泰国从事某些业务活动的权利。本章主要分析其《劳动保护法》和《外商经营企业法》。

（3）马来西亚。马来西亚的劳动法散见于许多成文法中，核心法律包括1955年《雇佣法》、1967年《劳资关系法》、1991年《雇员公积金法》和1969年《雇员社会保险法》，其他相关法律包括1959年《工会法》、2012年《最低退休年龄法》、2012年《最低工资政策》、1966年《儿童和青年（雇佣）法》、1950年《马来西亚合同法》、1952年《劳工赔偿法》、1959年《移民法》、1951年《假期法》、1994年《职业安全与健康法》等。其中，针对移民的劳动和雇佣管制法律主要是1952年《劳工赔偿法》（仅适用于移民工人）、1955年《雇佣法》（本地工人与移民工人均适用）、1959年《移民法》（适用于移民工人）、1967年《劳资关系法》（本地工人与移民工人均适用）、1968年《雇佣（限制）法》（适用于移民工人）和1969年《雇佣（限制）

---

① International Labour Organization: Labour Protection Act, B.E. 2541 (1998), 参见 https: //www.ilo.org/dyn/natlex/natlex4.detail? p_lang=en&p_isn=49727, 最后访问于2021年8月8日。

② International Labour Organization: Labour Protection Act, (No. 3), B.E. 2551 (2008), 参见 https: //www.ilo.org/dyn/natlex/natlex4.detail? p_lang=en&p_isn=81031, 最后访问于2021年8月8日。

③ International Labour Organization: Labour Protection Act (No. 4), B.E. 2553 (2010), 参见 https: //www.ilo.org/dyn/natlex/natlex4.detail? p_lang=en&p_isn=89336, 最后访问于2021年8月8日。

④ International Labour Organization: Labour Protection Act (No. 5), B.E. 2560 (2017), 参见 https: //www.ilo.org/dyn/natlex/natlex4.detail? p_lang=en&p_isn=103608, 最后访问于2021年8月8日。

⑤ International Labour Organization: Alien Business Act, B.E. 2542 (1999), 参见 https: //www.ilo.org/dyn/natlex/natlex4.detail? p_lang=en&p_isn=82850, 最后访问于2021年8月8日。

（雇佣许可）规则》（适用于移民工人）。①此外，马来西亚投资政策由1986年《促进投资法》、1967年《所得税法》、1967年《关税法》、1972年《销售税法》、1976年《国内税法》以及1990年《自由区法》等法律法规组成。马来西亚于1968年制定《投资奖励法案》，1971年制定《自由贸易区法案》，1972年修订《海关法》中关于保税工厂制度的相关条款。

（4）印度尼西亚。印度尼西亚现行的劳动与雇佣相关法律法规有《劳工法》②、《劳动纠纷解决法》③、《工会法》④、《关于利用外籍劳工》⑤以及《关于使用外籍劳工的程序》（2018年7月11日）、《关于国家社会保障制度》（2004年10月19日）、《关于工资的法令》（2015年10月23日）和《关于薪酬结构和比例》（2017年3月21日）等。

第三节　东南亚四个共建"一带一路"国家对跨国企业劳动与雇佣管制的比较分析结果

一、整体分析结果

通过仔细阅读越南、泰国、马来西亚和印度尼西亚四国各自的劳动与雇佣管制相关的法律法规文本材料，结合EWI的维度，本章梳理分析了各国是否存在EWI各个子维度相对应的劳动与雇佣法律法

---

① 江苏省南通市司法局，上海对外经贸大学."一带一路"国家法律服务和法律风险指引手册 [M]. 北京：知识产权出版社，2016.部分内容也可以参考 http：//www.pesaraonline.net/index.html，最后访问于2021年8月8日。

② 《劳工法》自2003年3月25日起生效，参见 https：//www.ilo.org/dyn/natlex/natlex4.detail？p_lang=en&p_isn=64764，最后访问于2021年8月9日。

③ 《劳动纠纷解决法》自2004年1月14日起生效，参见 https：//www.ilo.org/dyn/natlex/natlex4.detail？p_lang=en&p_isn=67355，最后访问于2021年8月9日。

④ 《工会法》自2000年8月4日起生效，参见 https：//www.ilo.org/dyn/natlex/natlex4.detail？p_lang=en&p_isn=57553，最后访问于2021年8月9日。

⑤ 《关于利用外籍劳工》于2018年3月26日颁布，参见 https：//tka-online.kemnaker.go.id/pdf/new/Perpres_TKA.pdf，最后访问于2021年8月9日。

规，从而对这4个国家进行比较。具体的比较分析结果总结见表5-2。

表5-2　　　　　4个国家劳动与雇佣管制比较分析的结果总结

维度	子维度	越南	泰国	马来西亚	印度尼西亚
1.雇用	固定期限合同	有			有
	试用期	有			有
	最低工资	有	有	有	有
2.工作时长	工作时间	有	有	有	有
	工作津贴		有	有	有
	带薪年假	有	有	有	有
3.解雇政策	以裁员为理由解雇员工		有	有	
	第三方知情同意	有			有
	裁员前重新分配岗位或再培训				
	优先原则				
4.解雇成本	解雇通知期		有	有	
	解雇赔偿金	有	有	有	有
	失业保护				

注："有"表示该国在对跨国企业劳动与雇佣管制中存在相关主题的法律法规。

从表5-2中可以发现，在4个国家中，尚未有一个国家涉及所有13个子维度的内容。其中，印度尼西亚涉及的子维度数量较多，共为8项，而越南、泰国和马来西亚都是涉及7项，均超过了全部子维度的一半。

此外，这4个国家中可以分成两组：泰国和马来西亚；越南和印度尼西亚。其中，泰国和马来西亚在同样的7个子维度上做出了明确的劳动与雇佣管制规范。而越南和印度尼西亚与它们存在较大差异，但越南和印度尼西亚这两个国家之间的相似度较高，除了印度尼西亚在工作津贴这个子维度有相应管制内容（越南没有），它们在同样的另7个子维度上存在相应的法律法规。

最后，从子维度来看，这些国家之间存在一些共同的管制子维度，包括最低工资、工作时间、带薪年假和解雇赔偿金等4个方面，但在固定期限合同等另外9个子维度上不尽相同。

上述为4个国家比较的整体分析结果。为了进一步呈现越南、泰国、马来西亚和印度尼西亚对跨国企业劳动与雇佣管制的具体异同，以下按照EWI指数的维度（包括"雇用"、"工作时长"、"解雇政策"和"解雇成本"4个维度，以及相应的13个子维度），对分析结果作详细描述。

二、四国在"雇用"维度上的比较分析结果

在世界银行EWI的原始数据库中，越南、泰国、马来西亚和印度尼西亚在其"雇用"维度上的得分差异较大。其中，印度尼西亚的得分最高（0.561），即其在雇用方面的管制最为严格，排在后面的依次为泰国（0.232）、越南（0.21）和马来西亚（0.013）。

在法律法规文本内容方面，本章将"雇用"维度划分为固定期限合同、试用期以及最低工资等3个子维度。

1.固定期限合同

在固定期限合同方面，越南和印度尼西亚有相关的法律规定，而泰国和马来西亚两国尚未有明确管制。具体来说：

（1）越南。法律规定，劳资双方在订立过一次固定期限劳动合同后，经双方协商一致仅能再次订立一次固定期限的劳动合同。之后如果再次续订，只能是无固定限期的劳动合同。针对外资企业的固定期

限合同，越南的劳动法规定，固定期限劳动合同到期后，双方协议继续工作的，合同自动转变为无固定期限劳动合同。

（2）印度尼西亚。印度尼西亚对于固定期限合同的规定如下：固定期限劳动合同可以根据时间和工作量进行划分，即规定时间和以完成特定量工作为期限两种，[1]只适用于按照其类型和性质能在特定期限内完成的特定工作。具体而言，固定期限的劳动合同基于上述特定工作的划分可以划分为以下3种：①以一次性完成或临时性质（3年内可完成）的工作为内容签订的固定期限劳动合同。②以季节性工作为内容签订的固定期限劳动合同。"季节性工作"不是按照时间范围来界定的，但它作为企业生产过程的一部分，具有持续且不间断的特征，需要依靠天气或需要特定的条件才能完成。[2]③以与新产品、新活动或实验阶段的产品有关的工作为内容签订的固定期限劳动合同。

一般来说，上述固定期限劳动合同期最长均为2年，但对于上述C类"以与新产品、新活动或实验阶段的产品有关的工作为内容签订的固定期限劳动合同"，若由于新产品未完成开发或仍在实验而需要延长劳动合同，企业主可以在劳动合同期满前至少7天书面通知劳动者延长，延长期限不得超过1年。同时，对于上述A类固定期限劳动合同，合同期满后可以续签，但必须在劳动合同到期后30天内完成，并且只能续签1次，续签时长最长2年。如若违反前述规定，则应转换为无固定期限的劳动合同。

2.试用期

在试用期方面，越南和印度尼西亚有相关的法律规定。而泰国和马来西亚没有这方面的明确规定。越南和印度尼西亚的具体管制要求如下：

---

① 宋愿愿，陈柄臣.浅析印尼劳工法［J］.中外企业家，2017（26）：154-156.
② 宋愿愿，陈柄臣.浅析印尼劳工法［J］.中外企业家，2017（26）：154-156.

（1）越南。试用期按照工作的技术与专业要求不同而在期限长短和薪资水平方面有所差异。在试用期期限方面，如果该工作没有较高的专业能力要求，试用期一般不得超过30天；如果要求的专业技术水平较高，试用期上限则可以延长至最多60天；其他日常性工作的试用期则严格限定在6天以内。在薪资水平方面，试用期薪资一般不能少于正式工资的85%。在整个试用期内，雇主和劳动者都可以根据实际情况对合同内容进行适当补充、修改和完善。而对外资企业招聘越南员工的试用期，越南规定了试用期的时长问题、报酬问题、考核后签订合同问题。

（2）印度尼西亚。固定期限劳动合同不适用于长期性工作、不得规定试用期。而对于无固定期限劳动合同，企业可以设定试用期（但不得超过3个月）。在试用期内，劳动者的工资不得低于法定的最低工资。

3.最低工资

在最低工资方面，越南、泰国、马来西亚以及印度尼西亚这4个国家都有相关的法律规定。

（1）越南。劳动者的最低工资根据其所属的地区和行业确定，有按月、按日和按小时三种计算方法。一般来讲，政府颁布文件确定区域最低工资，而行业最低工资通过劳资间行业集体谈判确定，并通过行业集体谈判协议规定行业最低工资，但不得低于政府宣布的区域最低工资。此外，越南政府每年都会公布的外资企业的最低工资水平。

（2）泰国。为农民之外的所有雇员规定了最低工资。不同地区的最低工资标准有所不同，这一标准会不定期调整。

（3）马来西亚。根据最新法令，马来西亚政府在2019年1月1日之前提高并规范全国私营部门的最低工资标准，统一全马的最低薪金制，新的最低工资是每月1 100林吉特、每小时约5.29林吉特，或者每日42.31林吉特（如果每周工作6天）、50.77林吉特（如果每周工作5天）、63.46林吉特（如果每周工作4天）。如果雇主给的工资不符合标准，雇主必须给予员工补偿。

（4）印度尼西亚。最低工资可分为两种：一是省或县/市级规定的最低工资；二是省或县/市范围内的行业最低工资。各省政府会根据当地情况选择采用上述两种标准之一，但应满足生活的需要。企业主支付工资的下限为各地各行业的最低工资标准，即使无法按期支付，也应延期支付至足额。

三、四国在"工作时长"维度上的比较分析结果

在世界银行EWI的原始数据库中，越南、泰国、马来西亚和印度尼西亚在其"工作时长"维度上的得分差异不大。按得分从高到低依次为马来西亚（0.182）、越南（0.154）、印度尼西亚（0.141）、泰国（0.121）。

按照各国的法律法规文本，本章将"工作时长"维度进一步区分为工作时间、工作津贴以及带薪年假这3个子维度。以下呈现这四个国家在每一子维度上的管制差异。

1.工作时间

在工作时间方面，越南、泰国、马来西亚和印度尼西亚都有相关的法律规定，并且每个国家在工作时间方面的管制都较为细致。在具体规范方面，四个国家之间存在差异。各国的具体内容如下：

（1）越南。《劳动法典》明确规定劳动者每天的劳动时长不得超过8小时，每周不得超过48小时；对于以周为单位计算工时的工作，劳动者每天的劳动时长不得超过10小时，每周不超过48小时。除此之外，法典还规定危险系数高和在有毒物质多的环境中开展的工作，每天最多工作6小时；夜晚的工作时数自当天22时算起，于次日6时

结束。针对特定行业的季节性工人或者因订单需要加工货物的工人，越南也详细阐述了与工作时间和加班时间相关的规定，确定了标准工作时间。① 《劳动法典》规定，符合下列情况之一时，用人单位有权要求劳动者加班：征得劳动者同意；员工加班的时间不得超过其正常工作时长的一半；每天工作和加班的总工作时长不得多于12小时；每月加班的总时长不得多于30小时，每年不得多于200小时，除政府规定的特殊情况外，每年加班的总时长不得多于300小时。同时，劳动者每周至少要连续休息24小时，如果不能做到每周都有休息日，则必须保证每人每月至少休息4天。因此，在1个月内连续加班若干天之后，雇主必须为未休假的员工安排补假。

较为特殊的是，越南针对外资企业的工作时间有独立的规定：每日工作时间不得超过8小时，每周不超过48小时，每日22点至次日6点为夜班时间。但是，有些特殊的劳动者的每日最长工作时间至少减少1小时，具体包括：从事劳动繁重、身处有毒物质环境、危险系数高工种的劳动者；怀孕7个月的妇女劳动者；未满18周岁的未成年者劳动者；抚养小于1周岁的儿童的妇女劳动者。企业如需劳动者加班，要与劳动者商定，但在以下特殊情况下，可以不经商定而安排加班：为了克服与防止灾害或不幸事件的发生；因工作地点发生变化而引起的额外紧急任务；因不可抗因素导致企业暂停生产而遭受损失。劳动者1年之内加班时间的合计上限是150小时。

（2）泰国。法律规定正常工作时间应该向雇员公开。雇主须向雇员列明雇员每天的上班时间和下班时间。基本上每天工作时间不应超过8小时，每周累计不应超过48小时。如有超出的工作时间，可在雇主与雇员共同商议的基础上将其列入正常的工作时间，但是总计不能

---

① 《对季节性生产和按订单加工劳动工人工作、休息时间指引的54号通知》从2016年2月10日生效。详见网址 https://www.ilo.org/dyn/natlex/natlex4.detail?p_isn=107852&p_lang=en，最后访问于2021年8月22日。

超过每天9小时，一周不能超过48小时。从事对身体健康有损害和危险的工作时间每天不能超过7小时，每周工作上限为42小时。

此外，考虑到许多工作的特殊性质，对于没有明确的上下班时间的工作，法律规定雇主和雇员可以协商一致决定每天的工作时长，但依然要遵循每天工作时长最多8小时，每周工作时长总计不得多于48小时的基本原则。

最后，未经雇员同意，雇主不得强制要求雇员加班。法律规定雇员每周加班的工作时长不得多于36小时，对于超出的工作时间，雇主必须向雇员支付相应的加班补偿。若遇突发、紧急等特殊情况需要雇员持续开展额外工作，或者为了更多的生产销售、服务经营等方面的利益，或者法律规定合法的其他工作，在获得雇员同意的情形下，雇主可以安排雇员在休息休假期间合理、适当加班。

（3）马来西亚。1955年《雇佣法》规定，雇员的正常工作时间每天不得超过8小时或每周不得超过48小时，并且每连续工作5小时应当有30分钟的休息时间。一般情况下，用人单位不可要求雇员延长工作时间，但如果从事对人民生活重要的、对马来西亚防卫治安重要的有关机器和工厂的紧急工作，或是对马来西亚经济重要的工业事业与《工业关系法》下的重要服务工作，或因工作场所发生意外导致未预料的工作中断，用人单位可以要求雇员延长工作时间，但每天延长工作时间后不得超过10小时。如果一天的工作时间超过10小时，则额外的工作时数计为加班时间，雇员的加班时间每月不得超过104小时。

（4）印度尼西亚。除特殊行业或特殊类型的工作外，劳动时间规定分为两种：① 每周6个工作日，每个工作日工作时长为7小时左右，总工作时长为40小时；② 每周5个工作日，每个工作日工作时长为8小时，总工作时长为40小时。

关于加班，如遇应企业主要求劳动者需要加班的情形，需要符合以下3个条件：①劳动者本人同意加班；②额外工作的时长每天不得超过3小时，每周不得超过14小时（不包括周末休息日及国家法定节日的加班）；③企业主应对额外工作时间支付加班工资，每小时的加班费用按照劳工月薪的1/173计算，结算工资时一并结算。

2.工作津贴

按表5-2，在工作津贴方面，除了越南之外，泰国、马来西亚和印度尼西亚3个国家都有相关的法律规定。

（1）泰国。对于超过法定或特别协议规定的最高工作量或工作时数的工作，雇主必须给雇员付加班费。加班工资不少于正常工作日时薪的1.5倍，日薪、时薪制的临时工则以所得单位小时工资的1.5倍计算。

（2）马来西亚。对加班工资的规定如下：加班工资不得低于正常小时工资的1.5倍。雇员在假期超时工作的，雇主须给付以小时工资率3倍来计算的超时工资。此外，雇员每周有一个休息日，一般情况下雇员不可被强迫在休息日工作。值得注意的是，休息日由雇主自行决定，若雇主每星期给员工两个休息日，则第二个才算是休息日。休息日的雇员工资可根据雇员的付薪情况分为两类：第一，日薪雇员在休息日工作，如果不超过一半正常工作时间，则雇主应付给一天的工资；如果超过一半正常工作时间，但不超过一天的正常工作时间，则雇主应付给两天的工资。第二，月薪雇员在休息日工作，如果不超过一半正常工作时间，则雇主应付半天的工资；如果超过一半正常工作时间，但不超过一天的正常工作时间，则雇主应付一天的工资。[①]无论是日薪雇员还是月薪雇员，如果休息日做超时工作，则雇员可以得

---

① 相关内容可参考 http://www.pesaraonline.net/ea59-chinese.htm，最后访问于2021年8月8日。

到以两倍小时工资率来计算的超时工资；如果公共节假日做超时工作，则雇员可以得到以3倍小时工资率来计算的超时工资。

除了普通雇员外，还存在轮班雇员，这类雇员的工作时间与一般规定不同，可以一天工作超过8小时或一星期超过48小时，可以在休息日工作，但每天工作时长不得超过12小时。按3周的平均工时（或总监批准超3周）来算，每周工作时间不可超过48小时。加班工资标准参见表5-1。在工作时间方面，外籍员工和本籍员工并不存在法律规定的差异。

（3）印度尼西亚。印度尼西亚与周边国家如越南、缅甸、孟加拉国等相比，加班劳动成本相对较高。[①]加班工资的具体计算标准为：①若在工作日加班：加班第一小时按照基本小时工资的1.5倍计算，随后每小时按基本小时工资的2倍计算。②若在周末和法定节假日加班，对于每周工作6天共计40小时的工人来说：加班前7小时按照基本小时工资的2倍计算，第8个小时按照基本小时工资的3倍计算，第9和第10个小时按照基本小时工资的4倍计算。③若在周末和法定节假日加班，对于每周工作5天共计40小时的工人来说：加班前8小时按照基本小时工资的2倍计算，第9个小时按基本小时工资的3倍计算，第10和第11小时按基本小时工资的4倍计算。④企业主应为员工提供足够的休息时间。若加班超过3个小时，则企业主需要为员工提供不低于1 400卡路里的食品（不得以相应货币替代）。需要注意的是，负责计划、执行和管理的不限工作时间的岗位无权得到加班工资。

3.带薪年假

在带薪年假方面，越南、泰国、马来西亚和印度尼西亚都做出了

---

① 高木雅一，司韦.阻碍外国直接投资的印尼的劳动问题 [J]. 南洋资料译丛，2003（03）：9-15.

相应的法律规定。

（1）越南。在年假方面，员工在同一用人单位工作每满5年即可增加1天年假。关于旅行日的费用，用人单位应当向前往或来自低地地区、山区、边远地区、边境和海岛地区的劳动者支付差旅费和旅行日薪，差旅费和旅行日的工资由双方商定。

越南规定的带薪休假包括婚假（3天）、子女结婚休假（1天）和慰唁假。生父母、配偶的父母、配偶、子女之一死亡，劳动者均有3天带薪慰唁假。若劳动者的祖父母、外祖父母或亲生兄弟姐妹之一死亡，或者父母亲、亲生兄弟姐妹之一结婚，劳动者可有1天的无薪休假，但必须告知雇主。

其中，针对外资企业的规定是：劳动者在法定假期可以享受带薪休假；在企业连续工作满11个月的劳动者每年可以享受至少18天的带薪假期；遇到结婚、死亡等事项的劳动者至少可休息3天。

（2）泰国。雇主须提前1年公布按照风俗习惯规定的公共假期，1年内的公共假日不得少于13天；若出现特殊情况，也可进行补休或者协议补偿工资。同时，年假的天数与工龄有关。若雇员已连续工作1年以上，则雇员有权享受不少于6个工作日的带薪假期。在雇员工作满2年后，雇主可规定雇员享有超过6个工作日的年假。一般来说，工作尚不满1年的雇员，由雇主按照工作时间和工作量来安排其年休假天数。雇主可提前对雇员的年假做出规定，也可与雇员商定，在双方达成一致的情况下，可以将该年度未休的年假移到下一年度补休。

（3）马来西亚。年假的计算方法如下：若所计算的日数零头少于半天，计为零；若零头超过半天，按1天计算。有薪年假不包括休息日和公共假日。如果雇员工作不满2年，每12个月可以申请8天年假；如果工作超过2年但少于5年，每12个月可以申请12天年假；如果工作超过5年，每12个月可以申请16天年假。关于年假工资，如果雇主要求且雇员也以书面形式同意不休年假，雇主应当按正常工资标准向雇员支付年假工资。

（4）印度尼西亚。关于假期，《劳工法》①明确表明，除工作性质或劳动合同规定需连续、不间断工作的，劳动者没有义务在公共假期工作。除公共假期外，企业主还应当允许劳动者的下列休息和休假安排：①连续工作不得超过4小时，每4小时应给予不少于半小时的休息时间，但休息时间不包括在工作时间内。②每周工作6天后至少休息1天，或者每周工作5天至少休息2天（百分之百带薪假期）。③劳动者在同一家企业连续工作12个月后，应享有每年最多12天的休假（百分之百带薪假期）。④劳动者在同一家企业连续工作7到8年的，应享有至少2个月的休假（百分之百带薪假期）；劳动者在同一家企业连续工作6年的，应享有至少1个月的休假（百分之百带薪假期）。需要注意的是，第④点中的休假包含了2年内的年度休假，此种安排每6年适用一次。

四、四国在"解雇政策"维度的比较分析结果

在世界银行EWI的原始数据库中，越南、泰国、马来西亚和印度尼西亚在其"解雇政策"维度上的得分差异明显。印度尼西亚得分最高（0.75），是第二名越南的两倍（0.375），是马来西亚的6倍（0.125），而泰国的得分为零。

针对各国法律法规，本章将"解雇政策"维度细化为以裁员为理由解雇员工、第三方知情同意、裁员前重新分配岗位或者再培训以及优先原则这4个子维度。

---

① 《劳工法》自2003年3月25日起生效，参见 https://www.ilo.org/dyn/natlex/natlex4.detail? p_lang=en&p_isn=64764，最后访问于2021年8月9日。

1.以裁员为理由解雇员工

在以裁员为理由解雇员工方面，泰国和马来西亚明确反对企业无正当理由解雇员工的行为。越南和印度尼西亚没有这方面的明确规定。

（1）泰国。《劳动法庭与劳动程序法》①规定，法院通过劳动合同中约定的解约条款问题以及解雇职工的理由是否正当来判定员工是不是被正当解雇。如果员工不是因为自己的过错而被解雇，那么这种解雇可能会被视为不当解约。劳动法庭有权命令雇主给被不当解约的员工恢复原职并提供与被解雇时一致的薪金待遇。如果劳动法庭认为该员工与雇主不能再继续合作，劳动法庭可以判决雇主相应地支付员工赔偿金，赔偿金的金额由劳动法庭综合考虑员工的年龄、工作经历、辞退时的困难程度和辞退事由来决定。

（2）马来西亚。1967年《劳资关系法》对于解雇有一些补充规定："如果工人（无论是不是工人工会或其他工会的成员）认为他在雇主没有正当理由的情况下被解雇，他可以向总干事提出书面申请，要求恢复工作。这些申请可以在距离工人被解雇的工作地点最近的总干事办公室提交"。简单来说，除"具有正当理由"外，法律禁止雇主解雇员工。无论是否有书面雇佣合同，这一规定都隐含在所有雇佣关系中。这意味着，只要被解雇员工认为他/她在马来西亚无故被解雇，该雇员就有权重新获得其工作。在这种情况下，工业法院可以选择由雇主给予补偿或复职（向雇员支付长达24个月的工资或者给予最长12个月的试用期），以保护雇员的利益。

2.第三方知情同意

在第三方知情同意方面，目前泰国和马来西亚没有明确的法律规

---

① Act on Establishment of Labour Courts and Labour Court Procedure B.E. 2522 （1979），参见 https：//www.ilo.org/dyn/natlex/natlex4.detail？ p_lang=en&p_isn=5090，最后访问于2021年8月8日。

范，越南和印度尼西亚则制定了相应的法律法规条款。

（1）越南。如果劳动者没有遵守劳动合同、未按合同要求完成工作、无正当理由旷工每月超过5天或每年超过20天，那么用人单位即可主动解除劳动关系。除上述法定情形外，用人单位单方面解除劳动关系的行为必须获得基层工会的批准和同意，也就是说工会对于劳动合同的终止和解除有最终决定权和强制约束力。

（2）印度尼西亚。企业主、劳动者、工会和政府都必须尽力避免出现解除劳动关系的情况。当不得不进入劳动关系解除程序时，企业主必须与工会或劳动者协商。如果协商失败，企业主只有在得到劳动争议处理部门的决定书后才能解雇劳动者。这也就意味着印度尼西亚的企业主并不像其他国家那样享有单方面终止劳动关系的权利，[①]但如果为下列情形之一，企业主不需要获得劳动争议处理部门的决定书：书面协定的试用期尚未结束，劳动者自愿辞职；劳动合同到期；劳动者达到退休年龄；劳动者死亡。

3.裁员前重新分配岗位或再培训

所有国家都没有明确要求企业在裁员前重新分配岗位或者进行再培训。

4.优先原则

所有国家都没有明确规定优先原则。

五、四国在"解雇成本"维度的比较分析结果

在世界银行EWI的原始数据库中，越南、泰国、马来西亚和印度尼西亚在其"解雇政策"维度上的得分存在一些差异。泰国的得分最高（0.402），印度尼西亚排名第二（0.332），紧随其后的依次为马来西亚（0.307）和越南（0.285）。

---

① 宋愿愿，陈柄臣.浅析印尼劳工法［J］.中外企业家，2017（26）：154-156.

本章将EWI的"解雇成本"维度进一步划分为解雇通知期、解雇赔偿金以及失业保护3个子维度，进而分析越南、泰国、马来西亚和印度尼西亚在相关法律法规方面的文本内容。

1.解雇通知期

在解雇通知期方面，泰国和马来西亚存在相关规定，而越南和印度尼西亚则未作这方面的明确规定。

（1）泰国。雇主如果因为生产部门和经营业务调整、技术升级、设备改造等原因需要裁员，应当至少提前两个月通知雇员。但是，在以下情形中，雇主无须事先通知，可直接解除劳动关系并且暂停工资支付：雇员违法犯罪；雇员连续无故旷工3天以上；因雇员故意或疏忽造成雇主生产经营遭受巨大损失等。

（2）马来西亚。除非雇员因表现不佳、裁员或行为不检等合理的理由而被解雇，否则雇主需给予雇员"雇佣条例"规定的最短通知期。最短通知期的时长随雇员的工作年限增加而延长。

2.解雇赔偿金

在解雇赔偿金方面，越南、泰国、马来西亚和印度尼西亚这4个国家都有相关的法律规定。

（1）越南。如果雇主单方面解雇在本组织工作满一年及以上的劳动者，应当依照劳动合同的约定标准，每年支付半个月的薪资补贴作为补助。

（2）泰国。雇主如果要解雇没有个人过错的员工，需要给予员工离职赔偿，具体的金额视工作年限决定。雇主如果因为生产部门和经营业务调整、技术升级、设备改造等原因需要裁员，应当至少提前两个月通知雇员并支付两个月工资作为离职补偿。如果雇员为该雇主连续工作满6年，那么还需要额外支付离职补偿，也就是自工作的第七年起，每多工作一年多发15天工资，但最多不超过360天工资。但是，在以下情形中，雇主无须事先通知，可直接解除劳动关系并且暂停工资支付：雇员违法犯罪；雇员连续无故旷工3天以上；因雇员故意或疏忽造成雇主生产经营遭受巨大损失等。

（3）马来西亚。因与业务有关的原因而被解雇的雇员，如在解雇前已经受雇12个月及以上的，则有权获得补偿。而对于雇佣法不涉及的员工，如果情况适用，雇主须根据其雇佣合同支付裁员福利。

（4）印度尼西亚。企业主解雇劳动者的，应当支付遣散费、奖励和补偿费用。其中，遣散费和奖励的金额都随着工作年限的增加而提高。比如，工作年限不满1年的劳动者，遣散费为1个月工资；而工作年限满8年的劳动者，遣散费为9个月工资。补偿的计算应考虑以下因素：①在使用期限内仍未休完的年假；②供劳动者本人及其家属返乡的交通费；③住房和医疗补贴金；④遣散费或服务奖励费（应为总报酬的15%）。其中，月工资应包括基本工资、给予劳动者及其家庭的固定津贴。其计算标准如下：①如果劳动者工资为以日为单位的计时工资，则月收入按日工资的30倍计算；②如果劳动者工资为产出工资，则月收入为过去12个月的平均收入，不得低于最低工资标准；③如果劳动者工作收入受天气影响且工资为一次性发放，则月收入为过去12个月的平均收入。

3.失业保护

所有国家都尚未明确规定失业保护相关条款。

第四节　本章小结

本章比较分析了越南、泰国、马来西亚以及印度尼西亚这4个东南亚共建"一带一路"国家的劳动与雇佣管制。基于世界银行EWI

数据，提炼总结了共建"一带一路"国家对跨国企业劳动与雇佣管制的4个维度和13个子维度。结合这4个国家的劳动与雇佣相关法律法规，比较了不同的国家对上述各维度是否存在明确管制内容所存在的异同。

研究发现，在雇用方面，所有国家都规定了最低工资标准，越南和印度尼西亚制定了固定期限合同和试用期方面的相关要求，而泰国和马来西亚则没有。在工作时长方面，所有国家都对工作时间和带薪年假有所规定，而工作津贴方面只有越南没有明确相关的法律规制。在解雇政策方面，所有国家都没有明确规定裁员前重新分配岗位或再培训以及优先原则；泰国和马来西亚明确反对以裁员为理由解雇员工，而越南和印度尼西亚则要求雇主得到工会或者政府的同意才可以解雇员工。在解雇成本方面，所有国家都规定了解雇赔偿金，且都没有明确规定失业保护，泰国和马来西亚还规定了解雇的通知期。

第六章

总结、启示与研究展望

基于前文关于国际组织和代表性国家对跨国企业的劳动与雇佣管制研究，以及多国的劳动与雇佣管制比较研究的内容，本章简要总结了全书各章内容，针对我国政府的海外雇佣管制和人才政策与跨国企业的海外人力资源管理策略提出建议，并对未来研究进行展望。

第一节 总结

在共建"一带一路"倡议下，中国企业与项目纷纷走出国门，进行直接对外投资，开展国际化运作。在此过程中，中国跨国企业面临东道国（以及国际性组织）的劳动与雇佣管制约束。这要求我们首先去深入全面地把握海外投资所面对的劳动与雇佣管制约束环境。在本书前面的章节中，我们主要揭示了以下关键要点：

（1）跨国企业在共建"一带一路"国家面临的劳动与雇佣管制来源于多个利益相关者，其中，政府和国际组织是两个重要的利益相关者。本书重点揭示了政府（法律法规）和国际组织的影响，同时，国际组织在劳动与雇佣方面的规范也会通过影响对外直接投资东道国的法律法规等治理体系而作用于东道国的劳动与雇佣管制环境。

（2）共建"一带一路"国家中直接对外投资的劳动与雇佣管制及其跨年度变化程度存在差异。本书针对世界银行所开发的营商环境便利度指数中的雇佣员工指数（EWI），进行了国别比较数据分析。雇佣员工指数包含雇用、工作时长、解雇政策和解雇成本等4个子维度。依据2019年的EWI数据，我们将191个经济体归为管制宽松组、管制较松组、管制较严组和管制严格组等4个小组，其中，大多数共建"一带一路"经济体位于"管制较松组"，占到共建"一带一路"经济体的近60%。共建"一带一路"经济体的EWI平均得分略低于非共建"一带一路"经济体。在此基础上,我们运用2015年至2019年的数据分析了各经济体的EWI变化特征,其中,148个共建"一带一路"经济体可分成四种类型:上升型、下降型、波动型和稳定型,这四种变化类型的分布较为平均:上升型有39个,下降型有31个,波动型有38个,稳定型为40个。

(3)基于另一个特色指数——OECD雇佣保护法指数(EPL指数)——2019年的数据,相关的42个国家(其中21个为共建"一带一路"国家)按照劳动立法保护严格程度可分为5个级别,由低到高依次为管制宽松组、管制较松组、管制较严组、管制严格组以及管制超严组,其中,大部分共建"一带一路"国家属于管制较严组。针对雇佣保护法指数的3个子维度:个体解雇管制、集体解雇管制、临时雇佣管制,作了类似的分析。对共建"一带一路"国家与非共建"一带一路"国家的状况进行了比较。此外,通过比较2015年至2019年的数据,我们发现,21个共建"一带一路"国家的EPL指数呈现4种类型:稳定、上升、下降、波动。其中,超过一半数量的国家(16个)的指数处于稳定状态,即在5年中没有发生变化。

(4)以国际劳工组织为代表,包括WTO、联合国、经合组织与东盟等在内的众多跨国性组织制定了国际性或跨国性的劳动与雇佣公约、协定等,而SA8000等国际性企业社会责任标准也提供了劳动与雇佣方面的规范和指导。这些管制都可能对中国跨国企业的海外投资产生重要影响。不同国际组织对跨国企业劳动与雇佣的管制内容和细致程度存在差异。相对而言,国际劳工组织可以说发挥了标杆作用,其他国际组织在制定劳动与雇佣规范时将国际劳动组织的宣言、标准或公约等作为重要参考。比如,联合国鼓励和倡议遵守《国际劳工组织关于跨国企业和社会政策的三方原则宣言》。因此,国际劳动组织的劳动标准公约等尤其需要得到跨国企业的广泛重视。

（5）基于世界银行EWI的相关维度和子维度，对越南、泰国、马来西亚和印度尼西亚这4个东南亚国家的劳动与雇佣法律法规进行文本分析。研究发现，这4个国家可以分成两组：泰国和马来西亚；越南和印度尼西亚。其中，泰国和马来西亚在同样的7个子维度方面做出了明确的劳动与雇佣管制规范。而越南和印度尼西亚之间相似性较高，除了印度尼西亚在工作津贴这个子维度有相应管制内容（越南没有），它们在另外7个子维度上存在相应的法律法规。此外，这些国家在最低工资、工作时间、带薪年假和解雇赔偿金这4个子维度上都有相应的明确法律法规，但在另外9个子维度上不尽相同。比如，泰国和马来西亚明确反对以裁员为理由解雇员工，而越南和印度尼西亚则要求雇主得到工会或者政府的同意才可以解雇员工。

中国企业海外投资应如何有效地应对共建"一带一路"国家的劳动与雇佣管制约束？这要求多方的积极行动。以下，我们提出对中国政府的政策建议，并探讨中国跨国企业应对东道国劳动与雇佣管制约束的可能管理措施。

第二节　政策启示

基于共建"一带一路"国家中对外直接投资的劳动与雇佣管制，中国政府可以从以下方面入手：

第一，积极参与劳动与雇佣领域国际规则的制定。在本书前面的章节中，我们提到，不少共建"一带一路"国家会在本国推行国际性的劳动与雇佣规则，或在制定本国劳动与雇佣法规时参考这些国际性规则。国际组织所制定的国际性规则、多边公约或双边条约等是共建"一带一路"国家中对外直接投资劳动与雇佣管制的重要来源。有鉴于此，中国应该积极主动参与到国际性劳动与雇佣规则的制定过程，发出中国声音，融入中国诉求，或者在恰当时机与共建"一带一路"国家协商构建新型劳动与雇佣管制规则，提升中国在国际劳动与雇佣治理中的制度性话语权，切实维护国家的正当权益。

第二，加强中国与共建"一带一路"国家或区域在劳动与雇佣领域的双边或多边协商与合作。本书的前面章节指出，东盟国家之间协商发布劳动与雇佣宣言（比如，《东盟保护和促进移民劳工权利宣言》），并以劳工部长会议以及移民劳工特别任务组等机制协调区域内国家间的劳动与雇佣政策及其执行，取得了积极的效果。中国也应该在签证、就业机会、社会保险、个人所得税等领域加强与共建"一带一路"国家间的协商与合作。同时，正如本书所揭示的，共建"一带一路"国家之间在劳动与雇佣管制领域各有不同，即使在东盟内部像越南、泰国、马来西亚以及印度尼西亚之间也在劳动与雇佣管制方面有所差异，因此中国与这些国家的双边协商与合作也需要充分认识到各自的国情。在规范管理的基础上，这些协商与合作有助于消除或降低劳动与雇佣方面的国家间政策性障碍，促进国际人员流动，保障各国人员的正当权益，尽力提升其社会福利，推动文化交流。

第三，在中国驻外使领馆配置劳动与雇佣方面的专业外交官。正如本书前面章节所揭示的，共建"一带一路"国家在劳动与雇佣管制方面虽具有一定的共性（比如，在21个OECD所含的共建"一带一路"国家中，大部分属于管制较严组），但更多呈现异质性（比如，即使是在第五章所涉的东盟四国之间也可能存在较大差异）。每个国家都具有较为复杂的劳动与雇佣管制环境，而这些管制对企业具有高度的约束力。随着中国跨国企业在海外投资运营的规模进一步扩大，它们所面临的劳动与雇佣问题将更具复杂性和动态性。一旦中国跨国企业在共建"一带一路"国家出现劳动与雇佣方面的问题，特别是大规模问题，则可能演变为对中国跨国企业的集体冲击，损害中国利益和国际形象。因此，需要由专业的劳动官员来负责协调和指导中国跨国企业在东道国的劳动与雇佣问题。我们可以借鉴美国等国家在海外使领馆派驻劳动官员的方式，在中国驻外使领馆中设立相应的劳动与雇佣专业外交官，由其统筹协调中国企业在东道国的劳动与雇佣重大问题，监控东道国劳动与雇佣风险，开展劳动与雇佣风险预警与信息通报工作，为中国企业在东道国合规运营提供政策指导，搭建中外劳动与雇佣信息与沟通的桥梁。

第四，防范共建"一带一路"国家劳动与雇佣管制重大变化可能带来的对中国跨国企业的系统性风险。本书对共建"一带一路"国家劳动与雇佣管制的分析发现，虽然这些国家的劳动与雇佣管制总体上保持稳定，但一些国家在某些年份会做出调整，管制变得更加严格或宽松，甚至做出重大变革。比如，基于世界银行EWI，波兰在2016年相比于前一年在"雇用"方面的管制严格程度有较大幅度的提升。考虑到这些劳动与雇佣政策变化会塑造新的管制环境，对在这些国家运营的跨国企业产生重大影响，可能制造对中国跨国企业劳动与雇佣方面的系统性风险，需要中国政府制定相关预案，以防范重大的系统性风险。

第五，加强国际劳动与雇佣领域人才的培育和吸引。在《国家中长期人才发展规划纲要》等政策文件中制定和完善国际化人才培养和引进的相关政策，实施中长期国际化人才发展规划与专项战略，为中国参与共建"一带一路"倡议建立长效机制，提供持续的积极人才政策支撑。其中，应该培育和吸引一大批国际劳动与雇佣法律方面的人才，服务于政府、高校、研究机构和法律服务组织。同时，应在各级教育中增加国际劳动与雇佣教学培养内容。在各层次的教育中，增加国际化的教育内容，增进国民对共建"一带一路"国家文化、制度、经济与技术等环境的了解。在高等教育中，设置国际劳动与雇佣相关专业（方向），同时，在国际相关专业的课程设置和实习中，增加与丰富共建"一带一路"国家劳动与雇佣相关法律、法规和政策的内容。

第六，大力发展国际劳动与雇佣领域的人力资源服务业。可以在人力资源和社会保障部《人力资源服务业发展行动计划》中细化和拓展国际人力资源服务业相关条款，列明国际劳动与雇佣相关内容。可以搭建面向全球的劳动与雇佣法律国际化人才市场和信息平台，培育和发展中国自己的国际劳动与雇佣法律服务业。同时，创建中国和各国优秀国际人力资源服务业（包括劳动与雇佣法律服务业）数据库，构建互信共赢的合作机制，为中国企业走出去提供安全、专业的人力资源、劳动与雇佣法律服务，助推中国跨国企业国际化运营。

第三节　企业管理启示

对于国际化运营中不可回避的劳动与雇佣管制约束，中国跨国企业也应该积极行动以应对挑战。

第一，应该将海外投资的劳动与雇佣管制纳入组织战略。海外运营或工程项目活动中，劳动与雇佣管制是企业或项目面临的一个底线问题。一旦触碰到这一底线，则可能给中国企业带来法律纠纷等负面影响。如处理不当甚至可能演变成国际纠纷，影响企业和国家的国际形象。中国跨国企业应该从战略高度重视海外运营中的劳动与雇佣法律法规以及各利益相关者可能施加的管制影响。不管是跨国企业的母公司还是海外运营的子公司（或分公司）都应该将劳动与雇佣管制作为组织生存与发展的一个基础要素。这应该成为整个组织的战略共识。

特别是在母公司层面，需要从战略高度设计海外劳动与雇佣管制问题的管理架构。其中，包括母公司与海外子公司（或分公司）在应对各海外运营体的劳动与雇佣管制问题的管理权限与协作模式，形成应对海外劳动与雇佣管制的基本原则、策略与方法。比如，按照重要性、紧迫性和新颖性等维度，对劳动与雇佣管制问题进行分类，设计与实施相应的权变应对策略。在高层管理者中，应该有专人负责海外劳动与雇佣相关工作。作为公司治理的一部分，在母公司或海外公司的定期信息披露中应该包括海外劳动与雇佣管制合规方面的信息。此外，应该促进和加强母公司与子公司、子公司与子公司、公司与其他利益相关者之间的经验分享与交流，不断提升劳动与雇佣管制的国际化管理能力。

第二，中国跨国企业需要设立专门的海外劳动与雇佣部门或岗位，打造海外劳动与雇佣管理的专业化队伍。海外劳动与雇佣管制约束的有效应对与管理，对企业提出了较高的专业性要求。因此，在组织设计上，中国跨国企业在母公司或海外分公司、子公司应该设立专门的机构或岗位来负责处理相关的事宜。专业人员应该有一定的劳动法、劳动关系或者人力资源管理专业背景，并应在工作中加强培训与学习，逐渐精通东道国的劳动与雇佣管制约束并熟练应用相应的应对策略。在对外关系中，专业人员作为所在组织的劳动与雇佣代表性部门或人员，专业高效地处理相关问题，积极正面地传播组织在劳动与雇佣方面的理念与价值观。在对内关系中，专业人员负责或协助完成劳动与雇佣合规体系的构建，提供劳动与雇佣合规领域的咨询与培训，防范这一领域的组织风险，提升组织的海外劳动与雇佣合规水平。

第三，应该与中国驻东道国的使领馆在劳动与雇佣管制方面保持沟通与联系。在海外劳动与雇佣管制方面，中国跨国企业应该与我驻外领事馆保持沟通与联系，应该积极参与使领馆组织的劳动与雇佣管制培训，提高本企业的劳动与雇佣合规能力。同时，海外公司直接处于东道国劳动与雇佣管制的一线，及时掌握本公司的劳动与雇佣状况，可以采用常规的机制向使领馆反映中国跨国企业在东道国劳动与雇佣合规存在的问题与挑战，特别是一些中国跨国企业普遍存在的难题。如果本企业摸索出有效应对海外劳动与雇佣管制的经验与方法，也可通过使领馆的渠道向中国同行传播。此外，在可能出现重大的劳动与雇佣问题之前，比如，在大规模罢工前，劳动者应该预先积极与驻外使领馆沟通联系，通报相应的信息与进展，寻求使领馆的正当支持与帮助。

第四，可以借助外部的国际劳动与雇佣法律专业服务。在不同国家，劳动与雇佣管制约束条件与中国跨国企业所熟悉的环境并不一致，甚至可能截然不同，而海外劳动与雇佣法律具有很强的专业性，因此，中国跨国企业依靠自己的力量可能无法妥善处理相关问题。此时，借助专业的法律服务机构可以成为中国跨国企业的一个有效方案。这对于国际化经验尚浅或者对东道国法律环境不熟悉的中国企业来说，可能尤为必要。从企业的发展阶段看，在进入东道国之前和进入初期，中国跨国企业与专业的法律机构建立合作关系、购买相应的法律服务（包括劳动与雇佣方面的法律服务）是更为合适的。国际性法律机构在当地的分支机构或者扎根于当地的本土法律机构都可能发挥它们的积极作用。

当然，借助外部法律机构的专业服务并不意味着将海外公司的劳动与雇佣法律问题完全交付给外部机构。由于法律问题的敏感性以及可能涉及重要的商业机密，中国跨国企业最终还是应该立足于依靠自身的管理能力。这要求企业在国际化经营的过程中不断学习，包括向专业的法律机构学习，以提升在海外进行劳动与雇佣合规的专业水准。这对于计划在海外长期扎根运营的中国跨国企业和工程项目公司来说尤为重要。

第五，可以与东道国的劳动与雇佣立法司法机构建立联系。有条件的中国跨国企业可以在积极学习东道国劳动与雇佣管制约束的同时，积极与东道国劳动与雇佣领域立法司法机构以正当的途径与方式建立一定的接触与联系。比如，可以邀请立法机构和司法机构就东道国的劳动与雇佣法律、法规进行专业培训。这种联系可以帮助中国跨国企业及时了解东道国劳动与雇佣立法的前沿信息，掌握其可能的变化动向。这也将有助于实现中国跨国企业在东道国劳动与雇佣的立法与司法领域的公平公正。

第四节　研究展望

在学术研究方面，共建"一带一路"国家劳动与雇佣管制约束仍然是一个有待深入挖掘的领域。比如，前面的章节介绍了越南等国的劳动与雇佣管制状况，未来应该将研究对象拓展至其他共建"一带一路"国家，进行劳动与雇佣管制的国别研究，形成系列性的劳动与雇佣管制报告。同时，开展这一领域的国际比较研究，特别是加强与中国劳动与雇佣管制的深入比较，这可以更有效地为中国的相关政策与实践提供参考。

此外，未来研究也应该关注企业层面，特别是，中国跨国企业应对海外劳动与雇佣管制的战略及其影响予以特别关注。现有研究在这方面较为薄弱，也不能直接照搬国外有关发达国家跨国企业人力资源管理、劳动关系的相关研究成果。在未来可以重点尝试以下方向的探索：

首先，中国跨国企业应对东道国劳动与雇佣管制的模式与策略。中国企业进入海外市场时如何对企业进行调整和管理以应对东道国的管制环境是未来的一个重要研究方向。例如，未来可以研究中国跨国企业在共建"一带一路"国家的劳动与雇佣战略选择；中国跨国企业在海外运营的组织变革（如面对国际市场的竞争时中国跨国企业如何改善公司的治理结构，如何处理总公司与海外子公司之间的关系等）；中国跨国企业的国际人力资源管理战略、实践及其演化过程（比如，跨文化整合、国际化人才管理、大数据技术在海外人力资源管理中的应用）；中国跨国企业的海外劳动关系治理（如中国跨国企业如何建立海外劳动关系制度，如何与当地工会进行互动，如何处理海外劳资纠纷等问题）。

其次，检验中国跨国企业应对海外劳动与雇员管制的不同模式所产生的影响。研究的影响因素可以包括企业竞争力、财务绩效、企业创新和可持续发展能力，企业与东道国政府关系、与社区的关系，以及中国跨国企业群体的形象等。同时，可以进一步探索中国跨国企业劳动与雇佣模式的作用是否随着内外部环境的变化而呈现不同的特征。

此外，挖掘中国跨国企业在共建"一带一路"国家中劳动与雇佣、人力资源管理实践的独特性。中国跨国企业在"走出去"的进程中，由于文化差异，不可避免会遇到一些冲突与挑战。虽然目前有少数对中国跨国企业国际人力资源管理的案例研究，但绝大多数是总结和描述企业的前沿实践，仍需深入分析中国跨国企业如何克服在复杂的海外市场中所面对的非制度障碍，如何制定实施人力资源管理政策，以及探索新兴的互联网、大数据技术等对海外劳动与雇佣、人力资源管理的影响等。

最后，从理论层面看，目前的文献对于中国跨国企业劳动与雇佣、人力资源管理实践的理论意义探讨尚未深入，需要进一步挖掘中国跨国企业国际人力资源管理和劳动关系的理论问题，探究具有中国特色的跨国企业人力资源管理的分析框架和相关维度，尝试发展出新的制度环境和文化背景下的新理论。在劳动与雇佣、人力资源管理方面，中国跨国企业与其他新兴经济体跨国企业、发达国家跨国企业有何异同？中国跨国企业劳动与雇佣对于经典的国际劳动关系和人力资源管理理论有何启示？哪些方面与现有理论一致、可由经典理论解释？哪些方面对已有经典理论提出了挑战？可否从中国跨国企业这一特定研究对象开发出新的劳动关系和人力资源管理理论？这些方面的理论问题都值得进一步探索。

参考文献

[1] BARTLETT C A, GHOSHAL S. Going Global Lessons from Late Movers [J]. Harvard Business Review, 2000, 2 (78): 132-142.

[2] BASSANINI A, CINGANO F. Before It Gets Better: The Short - Term Employment Costs of Regulatory Reforms [J]. Industrial and Labor Relations Review, 2018 (1): 127-157.

[3] BOTERO J, DJANKOV S, LA PORTA R, et al. The Regulation of Labor [J]. The Quarterly Journal of Economics, 2004, 119 (4): 1339-1382.

[4] BERG J, CAZES S. The Doing Business Indicators: Measurement Issues and Political Implications [Z]. (2007) [2024-05-05]. https: //webapps. ilo.org/public/english/employment/download/elm/elm07-6.pdf.

[5] BUCKLEY P J, CLEGG L J, CROSS A R, et al. The Determinants of Chinese Outward Foreign Direct Investment [J]. Journal of International Business Studies, 2009, 40 (2): 353-354.

[6] BUDHWAR P, TUNG R, VARMA A, et al. Developments in Human Resource Management in MNCs from BRICS Nations: A Review and Future Research Agenda [J]. Journal of International Management, 2017, 23 (2): 111-123.

[7]   World Bank. Doing Business 2020 〔R/OL〕. 2020 〔2024-05-05〕.
       https: //openknowledge. worldbank. org/bitstream/handle/10986/32436/
       211440app.pdf.

[8]   COOKE F. Chinese Multinational Firms in Asia and Africa: Relationships
       with Institutional Actors and Patterns of HRM Practices 〔J〕. Human
       Resource Management, 2014, 53 (6): 877-896.

[9]   COOKE F, WANG J, YAO X, et al. Mining with a High-End Strategy: A
       Study of Chinese Mining Firms in Africa and Human Resources Implications
       〔J〕. The International Journal of Human Resource Management, 2015, 26
       (21): 2744-2762.

[10]   COOKE F, WANG D, WANG J. State Capitalism in Construction: Staffing
       Practices and Labour Relations of Chinese Construction Firms in Africa 〔J〕.
       Journal of Industrial Relations, 2018, 60 (1): 77-100.

[11]   EDWARDS T, TREGASKIS O, COLLINGS D, et al. Control over
       Employment Practice in Multinationals: Subsidiary Functions, Corporate
       Structures, and National Systems 〔J〕. ILR Review, 2013, 66 (3):
       670-695.

[12]   FAN D, XIA J, ZHANG M, et al. The Paths of Managing International
       Human Resources of Emerging Market Multinationals: Reconciling Strategic
       Goal and Control Means 〔J〕. Human Resource Management Review,
       2016, 26 (4): 298-310.

[13]   FERNER A, ALMOND P, COLLING T, et al. Policies on Union
       Representation in US Multinationals in the UK: Between Micro-Politics and
       Macro-Institutions 〔J〕. British Journal of Industrial Relations, 2005, 43
       (4): 703-728.

[14]   FERNER A, BÉLANGER J, TREGASKIS O, et al. U.S. Multinationals
       and the Control of Subsidiary Employment Policies 〔J〕. ILR Review, 2013,
       66 (3): 645-669.

[15] GEBEL M, GIESECKE J. Does Deregulation Help? The Impact of Employment Protection Reforms on Youths' Unemployment and Temporary Employment Risks in Europe [J]. European Sociological Review, 2016, 32 (4): 486-500.

[16] GIMPELSON V, KAPELYUSHNIKOV R, LUKYANOVA A. Employment Protection Legislation in Russia: Regional Enforcement and Labor Market Outcomes [J]. Comparative Economic Studies, 2010, 52: 611-636.

[17] HECKMAN J, PAGES C. Law and Employment: Lessons from Latin America and the Caribbean [M]. Chicago: The University of Chicago Press, 2004.

[18] HERNANDEZ E, GUILLÉN M F. What's Theoretically Novel about Emerging-Market Multinationals? [J]. Journal of International Business Studies, 2018, 49 (1): 24-33.

[19] KAMHON K, YEN-LING L. The Effects of Employment Protection Legislation on Labor Turnover: Empirical Evidence from Taiwan [J]. Economic Inquiry, 2011, 2 (49): 398-433.

[20] KATZ H C, KOCHAN T A, COLVIN A J S. Labor Relations in a Globalizing World [M]. New York: ILR Press, 2015.

[21] KHAN Z, RAO - NICHOLSON R, AKHTAR P, et al. Cross - Border Mergers and Acquisitions of Emerging Economies' Multinational Enterprises—The Mediating Role of Socialization Integration Mechanisms for Successful Integration [J]. Human Resource Management Review, 2021, 31 (3).

[22] MARGINSON P, EDWARDS P, EDWARDS T, et al. Employee Representation and Consultative Voice in Multinational Companies Operating in Britain [J]. British Journal of Industrial Relations, 2009, 48 (1): 151-180.

[23] MURAVYEV A. Evolution of Employment Protection Legislation in the USSR, CIS and Baltic States, 1985-2009 [Z]. IZA Discussion Papers,

2010.

[24] OECD. Calculating Summary Indicators of EPL Strictness: Methodology [R]. 2014 [2024-05-18]. Paris: OECD. http: //www.oecd.org/els/emp/ EPL-Methodology.pdf.

[25] PULIGNANO V. The Diffusion of Employment Practices of US - Based Multinationals in Europe: A Case Study Comparison of British - and Italian - Based Subsidiaries [J]. British Journal of Industrial Relations, 2006, 44 (3): 497-518.

[26] RUI H, ZHANG M, SHIPMAN A. Chinese Expatriate Management in Emerging Markets: A Competitive Advantage Perspective [J]. Journal of International Management, 2017, 23 (2): 124-138.

[27] THITE M, WILKINSON A, SHAH D. Internationalization and HRM Strategies Across Subsidiaries in Multinational Corporations from Emerging Economies—A Conceptual Framework [J]. Journal of World Business, 2012, 47 (2): 251-258.

[28] United Nations. The Ten Principles of the UN Global Compact [R/OL]. [2022-02-24], New York : United Nations. https: //www. unglobalcompact.org/what-is-gc/mission/principles.

[29] VENN D. Legislation, Collective Bargaining and Enforcement: Updating the OECD Employment Protection Indicators [Z]. OECD Social Employment & Migration Working Papers, No. 89, 2009.

[30] World Bank. Ease of Doing Business Score and Ease of Doing Business Ranking [R/OL]. [2024-05-18]. https: //openknowledge.worldbank.org/ bitstream/handle/10986/32436/9781464814402_Ch06.pdf.

[31] WILKINSON A, WOOD G, DEMIRBAG M. Guest Editors' Introduction: People Management and Emerging Market Multinationals [J]. Human Resource Management, 2014, 53 (6): 835-849.

[32] XING Y, LIU Y, TARBA S Y, et al. Intercultural Influences on Managing

African Employees of Chinese Firms in Africa: Chinese Managers' HRM Practices [J]. International Business Review, 2016, 25 (1): 28-41.

[33] ZHU J S, ZHU C J, DE CIERI H. Chinese MNCs' Preparation for Host-Country Labor Relations: An Exploration of Country-of-Origin Effect [J]. Human Resource Management, 2014, 53 (6): 947-965.

[34] 陈少铃, 闫姝. 驻外国际项目人力资源管理策略——以€石油公司阿联酋项目为例 [J]. 中国人力资源开发, 2010 (02): 35-38.

[35] 程延园, 杨柳. 就业保护法规严格性指标及其运用的跨国比较 [J]. 中国人力资源开发, 2012 (06): 86-93.

[36] 代懋. 雇佣规制测量: 西方实践与启示 [J]. 人口与经济, 2014 (02): 57-66.

[37] 方安静. 基于"大海外"事业平台的国际化人力资源管理体系——某大型中央企业的国际化人力资源管理之路 [J]. 中国人力资源开发, 2015 (24): 12-18.

[38] 冯娇娇, 程延园, 王甫希. 员工的外派动机及国际人力资源管理政策匹配性——以中国银行为例 [J]. 中国人力资源开发, 2017 (04): 101-110.

[39] 高木雅一, 司韦. 阻碍外国直接投资的印尼的劳动问题 [J]. 南洋资料译丛, 2003 (03): 9-15.

[40] 郭懋安. 美国工会运动与无产阶级国际团结 [J]. 国外理论动态, 2001 (05): 13-15.

[41] 郭懋安. 经济全球化背景下世界工会组织的联合趋势——国际工会联合会的《原则宣言》和《纲领》[J]. 国外理论动态, 2007 (05): 20-23.

[42] 何茂春, 田斌. "一带一路"战略的实施难点及应对思路——基于对中亚、西亚、南亚、东南亚、中东欧诸国实地考察的研究 [J]. 人民论坛·学术前沿, 2016 (05): 55-62.

[43] 胡辉华, 周丽华. 中国社会组织内部治理管制的变迁——基于社会组织内部治理管制指数的测量 [J]. 广州大学学报 (社会科学版), 2016

（11）：44-49.

[44]　胡晓妹.中国矿业公司跨国并购后的人力资源整合研究［J］.中国有色金属，2015（S1）：187-190.

[45]　花勇."一带一路"建设中海外劳工权益的法律保护［J］.江淮论坛，2016（04）：114-119.

[46]　焦璇，张水波，康飞.国际工程项目外派人员心理健康问题分析［J］.国际经济合作，2011（08）：60-63.

[47]　姜列青.国际移民问题与西方工会［J］.国外理论动态，2004（05）：31-33.

[48]　江苏省南通市司法局，上海对外经贸大学."一带一路"国家法律服务和法律风险指引手册［M］.北京：知识产权出版社，2016.

[49]　金波."一带一路"战略下跨国并购的劳动法律风险［J］.理论观察，2017（04）：112-114.

[50]　经济合作与发展组织.经济合作与发展组织跨国企业准则（2011年版）［R/OL］.［2023-04-26］. http：//mneguidelines. oecd. org/guidelines/MNEGuidelines-Chinese.pdf.

[51]　李丽林，袁青川.国际比较视野下的中国劳动关系三方协商机制：现状与问题［J］.中国人民大学学报，2011（05）：18-26.

[52]　李文沛."一带一路"战略下我国境外劳动者权益保护中的政府作用研究［J］.行政法学研究，2017（04）：109-117.

[53]　李晓."一带一路"战略实施中的"印度困局"——中国企业投资印度的困境与对策［J］.国际经济评论，2015（05）：19-42.

[54]　李杏.中国企业跨国弱势并购中的人力资源整合水平及模式研究——以蓝星并购安迪苏为例［J］.商场现代化，2015（03）：140-141.

[55]　李雪梦."走出去"人力资源管理战略的本土化用工研究——以中国有色集团为例［J］.中国人力资源开发，2015（15）：103-108.

[56]　梁晓春.国际（人权）法视野下的就业平等权及其法律规制——兼议我国公民就业平等权的法律保护［J］.武汉大学学报（哲学社会科学版），

2008（03）：304-308.

[57] 林新奇，王富祥．中国企业"走出去"的人力资源风险及其预警机制
[J]．中国人力资源开发，2017（02）：145-153.

[58] 林肇宏，薛夏斌，李世杰．企业跨国经营中的人力资源管理模式选择及
原因分析［J］．管理学报，2015（05）：702-709.

[59] 刘文勇．中石化企业集团在沙特人力资源管理存在问题与对策探讨［J］.
现代经济信息，2015（06）：128-131.

[60] 刘昕，张兰兰．员工关系的国际发展趋势与我国的政策选择——兼论劳
资关系、劳动关系和员工关系的异同［J］．中国行政管理，2013（11）：
56-60.

[61] 刘艳．劳资关系处理方式的国际镜鉴［J］．重庆社会科学，2016
（12）：63-67.

[62] 卢东斌，黄振京．基于软、硬约束因素的跨国并购人力资源整合研
究——以中国华能国际并购新加坡大士能源为例［J］．管理学家（学术
版），2010（05）：35-49.

[63] 钱叶芳．个人解雇保护立法实践的国际比较：回应与建设［J］．法律科
学（西北政法大学学报），2011（01）：170-183.

[64] 阮生雄，龚敏．越南工会法［J］．南洋资料译丛，2017（04）：61-68.

[65] 宋殿辉．人力资源管理与国际化战略的匹配——以TCL为例［J］．中国人
力资源开发，2015（24）：31-37.

[66] 宋愿愿，陈柄臣．浅析印尼劳工法［J］．中外企业家，2017（26）：
154-156.

[67] 沈琴琴，刘文军．中国境外企业劳动关系调处机制研究［J］．中国青年
政治学院学报，2013（02）：103-108.

[68] 唐尧．对跨国经营人力资源管理的思考——以中油国际乍得公司为例
［J］．中国人力资源开发，2012（07）：62-67.

[69] 王美舒．世界银行《营商环境报告》述评［J］．师大法学，2018
（01）：136-148.

[70] 王珊. 国际工程建设承包项目人力资源管理浅析——以巴基斯坦 N-J 水电项目为例 [J]. 人民长江, 2014 (05)：50-52.

[71] 吴君槐. 国际劳动关系在转型期的不同变化及其对中国的启示 [J]. 甘肃政法学院学报, 2011 (03)：125-131.

[72] 夏青云. "一带一路"视角下的劳动关系协调与沟通 [J]. 海峡科学, 2017 (05)：132-135.

[73] 肖竹. 废除强迫劳动国际劳工标准与我国相关立法及实践的比较研究 [J]. 中国劳动关系学院学报, 2010 (01)：80-84.

[74] 肖竹. "一带一路"背景下"出海"企业的对外劳动关系治理 [J]. 中国人力资源开发, 2018 (04)：144-150.

[75] 辛越优, 倪好. 国际化人才联通"一带一路"：角色、需求与策略 [J]. 高校教育管理, 2016 (04)：79-84.

[76] 徐渊, 石伟, 刘俊双, 等. 国有制造企业国际化战略中的培训体系探索与实践——以 DK 公司为例 [J]. 中国人力资源开发, 2016 (16)：61-67.

[77] 杨伟国, 代懋. 中国就业管制的变迁与测量——基于 1978—2011 年国家层面数据 [J]. 中国人民大学学报, 2012 (01)：78-87.

[78] 杨伟国, 周宁. 西方比较产业关系理论：发展与挑战 [J]. 教学与研究, 2019 (07)：37-47.

[79] 杨月坤, 朱妹. 跨国并购后的人力资源整合风险与管理——以联想并购 IBM 全球 PC 业务为例 [J]. 领导科学, 2014 (05)：49-52.

[80] 余建年. 中国跨国公司人力资源管理的劳动环境 [J]. 江汉论坛, 2003 (06)：52-54.

[81] 余敏. 反社会出身就业与职业歧视的国际标准与中国实践 [J]. 河北学刊, 2015 (04)：132-136.

[82] 于媛媛, 刘巍, 李守志. 国际工程项目境外人力资源管理——以水电站运维为例 [J]. 企业改革与管理, 2016 (22)：39-40.

[83] 张爱平, 冯峰. 全球化与工会组织的国际联合 [J]. 国外理论动态,

2002（05）：21-22.

[84] 张皓. 利益相关者和劳动关系治理——一个新的比较产业关系分析框架
[J]. 教学与研究，2019（07）：59-73.

[85] 张久琴. OECD《跨国企业准则》执行机制分析［J］. WTO经济导刊，
2017（Z1）：85-87.

[86] 张君，孙健敏. "走出去"战略下我国企业人力资源管理面临的挑战
[J]. 现代管理科学，2017（12）：94-96.

[87] 张乐川. 论劳动关系多元化的国际趋向及其在我国的实践效应［J］. 求
索，2013（11）：232-234.

[88] 张少敏. 从跨文化管理视角浅议国际人力资源管理——从中国石油海外
项目人力资源管理实践引发的思考［J］. 现代商业，2015（14）：72-73.

[89] 张淑苹，李玉国. 跨国公司环境法律责任的国际法规制［J］. 安徽广播
电视大学学报，2013（02）：32-36.

[90] 张晓明. "一带一路"建设进程中共同体构建的路径探索——以劳动调解
制度为例［J］. 九江学院学报（自然科学版），2016（01）：24-30.

[91] 钟飞腾，凡帅帅. 投资环境评估、东亚发展与新自由主义的大衰退——
以世界银行营商环境报告为例［J］. 当代亚太，2016（06）：118-154.

[92] 中华全国律师协会. "一带一路"沿线国家法律环境国别报告（第一卷）
［M］. 北京：北京大学出版社，2017.

[93] 中华全国律师协会. "一带一路"沿线国家法律环境国别报告（第二卷）
［M］. 北京：北京大学出版社，2017.

[94] 郑成彬. 国际电力EPC总承包项目人力资源管理［J］. 管理观察，2014
（34）：115-117.

附录

OECD 雇佣保护法指数的 21 项基本条目[①]

———————
① 参见 OECD 官网文件：OECD. Calculating Summary Indicators of EPL Strictness：Methodology ［R/OL］. 2014 ［2024-05-18］. http：//www.oecd.org/els/emp/EPL-Methodology. pdf.

A.个体解雇管制

条款单位和简单描述		严格程度得分						
		得分赋值						
		0	1	2	3	4	5	6
分值0~3		得分（0~3）×2						
1.告知程序	0	口头声明就足够						
	1	必须向员工提供书面声明说明解雇原因						
	2	必须通知第三方（比如工作委员会或者主管劳动当局）						
	3	没有第三方授权雇主无法解雇员工						

条款单位和简单描述		严格程度得分						
		得分赋值						
		0	1	2	3	4	5	6
2.通知开始前的延误时间	天数：包括估计时间，比如下列估计：提醒程序需要6天，口头声明或者直接通知员工需要1天，邮寄信件需要2天，挂号信需要3天	≤2	<10	<18	<26	<35	<45	≥45
3.通知期长度	9个月任期　月	0	≤0.4	≤0.8	≤1.2	<1.6	<2	≥2
	4年任期　月	0	≤0.75	≤1.25	<2	<2.5	<3.5	≥3.5
	20年任期　月	<1	≤2.75	<5	<7	<9	<11	≥11
4.遣散费额度	9个月任期　月薪水	0	≤0.5	≤1	≤1.75	≤2.5	<3	≥3
	4年任期　月薪水	0	≤0.5	≤1	≤2	≤3	<4	≥4
	20年任期　月薪水	0	≤3	≤6	≤10	≤12	≤18	>18
5.公平和非公平解雇的定义	分值0~3	得分（0~3）×2						
	0	雇员能力不足或是岗位人员冗余						

	条款单位和简单描述	严格程度得分						
		得分赋值						
		0	1	2	3	4	5	6
5.公平和非公平解雇的定义	1 社会因素、年龄或是工作任期等方面影响解雇决策							
	2 解雇首选是调岗或再培训以适应新岗位的雇员							
	3 雇员能力不足不能作为解雇的理由							
6.试用期限	月:在这段时间内,常规合同不完全包括在就业保护条款内,且通常不能提出不公平解雇	≥24	>12	>9	>5	>2.5	≥1.5	<1.5

条款单位和简单描述		严格程度得分						
		得分赋值						
		0	1	2	3	4	5	6
7.非公平解雇后的经济赔偿	月薪： 典型的20年任期的补偿，包括补发工资和其他赔偿（比如为了弥补未来可能损失的收入和心理损失）但不包括普通的遣散费	≤3	≤8	≤12	≤18	≤24	≤30	>30
	分值0~3	得分（0~3）×2						
8.非公平解雇后的复职可能性	0	没有复职的权利或实践						
	1	有时可以复职						
	2	可以频繁地复职						
	3	复职几乎总是可行						
9.非公平解雇通知发出后可提出索赔的最长期限	月： 在非公平解雇通知发出后可提出索赔的最长期限	解雇生效前	≤1	≤3	≤6	≤9	≤12	>12

B. 临时雇佣管制

条款单位和简单描述			严格程度得分						
			得分赋值						
			0	1	2	3	4	5	6
	分值 0~3								
10.使用固定期限合同的合法情况	0	固定期限合同只允许用于客观或实质性情况，比如允许执行本身有固定期限的任务	6-［得分（0~3）×2］						
	1	在雇主或雇员有特定需要时可豁免（比如雇主要发布新活动或者雇员寻找第一份工作）							
	2	雇主或雇员双方都有豁免权							
	3	对使用固定期限合同没有限制							
11.续签固定期限合同的最大次数	数量		无限制	≥5	≥4	≥3	≥2	≥1.5	<1.5

条款单位和简单描述		严格程度得分						
		得分赋值						
		0	1	2	3	4	5	6
12.固定期限合同可累计的最长期限	月	无限制	≥36	≥30	≥24	≥18	≥12	<12
13.临时工作中介合同的合法工作类型	分值0~4	6-［得分（0~4）×6/4］						
	0	临时工作中介合同是不合法的						
	1	只在特定产业中被允许						
	2	只在客观条件下被允许						
	3	普遍允许，但有特例不允许						
	4	普遍允许，没有或者很少限制						
14.对新进临时员工人数的限制	有/没有	—	—	没有	—	有	—	—

条款单位和简单描述		严格程度得分						
		得分赋值						
		0	1	2	3	4	5	6
15.临时工作中介合同可累计的最长时间	月	无限制	≥36	≥24	≥18	≥12	>6	≤6
16.临时工作中介机构成立是否需要授权或报告	得分 0~3							
	0	不需要授权或报告						
	1	需要特别的行政授权	得分（0~3）×2					
	2	需要定期报告						
	3	既需要行政授权也需要报告						
17.规章制度是否确保公司的普通员工和代理员工得到平等的待遇	得分 0~2							
	0	对平等待遇没有要求						
	1	对薪酬或工作环境有平等待遇	得分（0~2）×3					
	2	对薪酬和工作环境有平等待遇						

C.集体解雇管制

	条款单位和简单描述		严格程度得分						
			得分赋值						
			0	1	2	3	4	5	6
18.集体解雇的定义	分值0~4								
	0	对集体解雇没有额外规定	得分（0~4）×6/4						
	1	对解雇50人以上有具体规定							
	2	对解雇20人以上有具体规定							
	3	对解雇10人有具体规定							
	4	对解雇10人以下有具体规定							
19.集体解雇时的额外告示要求	分值0~2								
	可以向劳资委员会（或雇员代表）和政府部门（如公共就业办公室）提出告示要求。对国家的评估是基于是否在个体裁员解雇之上有额外的告示要求		得分（0~2）×3						
	0	没有额外要求							
	1	需要多告示一个元素							
	2	需要多告示两个及以上元素							

条款单位和简单描述		严格程度得分						
		得分赋值						
		0	1	2	3	4	5	6
20.集体解雇时的额外延期要求	天 与个体解雇相比的额外延期天数	0	<25	<30	<50	<70	<90	≥90
21.集体解雇时雇主要支付的特殊成本	分值0~2							
	这是指是否有额外的遣散费要求，以及社会补偿计划（详细的再就业、再培训、再就业等措施）是强制性的还是普遍的做法							
	0	无额外要求		得分（0~2）×3					
	1	需要额外的遣散费或社会补偿计划							
	2	需要额外的遣散费和社会补偿计划							

索引

海外投资—9，21，22，95，139-142，144

劳动—5-9，11，13，14，16-22，24，37，56，58-66，68，71，73，78，
　　79，81，94-115，118-137，139-149

雇佣—5-9，11，13，16，18-25，34，37，41，58-66，68，69，71-74，
　　76-82，87，89，90，92-97，99，101-104，107，112-115，118-
　　123，128，133，135-149

管制—6，19-22，24，28，30，31，34，37，39-41，43-51，53-56，58-
　　69，71-90，92-95，101-104，112-116，118-124，126，136-148

雇佣员工指数—20-24，34，139

雇佣保护法指数—20，21，72，73，77，90，92，93，140

国际组织—20，21，94，95，103，104，107-110，112，113，139-141